Raphaela Tkotzyk

Der Nordirlandkonflikt

Ursachenanalyse der Auseinandersetzung
in den Jahren 1968-1972

Diplomica® Verlag GmbH

Tkotzyk, Raphaela: Der Nordirlandkonflikt: Ursachenanalyse der Auseinandersetzung in den Jahren 1968-1972, Hamburg, Diplomica Verlag GmbH 2012

ISBN: 978-3-8428-8877-7
Druck: Diplomica® Verlag GmbH, Hamburg, 2012

Bibliografische Information der Deutschen Nationalbibliothek:
Die Deutsche Nationalbibliothek verzeichnet diese Publikation in der Deutschen Nationalbibliografie; detaillierte bibliografische Daten sind im Internet über http://dnb.d-nb.de abrufbar.

Die digitale Ausgabe (eBook-Ausgabe) dieses Titels trägt die ISBN 978-3-8428-3877-2 und kann über den Handel oder den Verlag bezogen werden.

Dieses Werk ist urheberrechtlich geschützt. Die dadurch begründeten Rechte, insbesondere die der Übersetzung, des Nachdrucks, des Vortrags, der Entnahme von Abbildungen und Tabellen, der Funksendung, der Mikroverfilmung oder der Vervielfältigung auf anderen Wegen und der Speicherung in Datenverarbeitungsanlagen, bleiben, auch bei nur auszugsweiser Verwertung, vorbehalten. Eine Vervielfältigung dieses Werkes oder von Teilen dieses Werkes ist auch im Einzelfall nur in den Grenzen der gesetzlichen Bestimmungen des Urheberrechtsgesetzes der Bundesrepublik Deutschland in der jeweils geltenden Fassung zulässig. Sie ist grundsätzlich vergütungspflichtig. Zuwiderhandlungen unterliegen den Strafbestimmungen des Urheberrechtes.

Die Wiedergabe von Gebrauchsnamen, Handelsnamen, Warenbezeichnungen usw. in diesem Werk berechtigt auch ohne besondere Kennzeichnung nicht zu der Annahme, dass solche Namen im Sinne der Warenzeichen- und Markenschutz-Gesetzgebung als frei zu betrachten wären und daher von jedermann benutzt werden dürften.

Die Informationen in diesem Werk wurden mit Sorgfalt erarbeitet. Dennoch können Fehler nicht vollständig ausgeschlossen werden, und der Diplomica Verlag, die Autoren oder Übersetzer übernehmen keine juristische Verantwortung oder irgendeine Haftung für evtl. verbliebene fehlerhafte Angaben und deren Folgen.

© Diplomica Verlag GmbH
http://www.diplomica-verlag.de, Hamburg 2012
Printed in Germany

„Das Lehrreiche für uns dabei ist", sagte Goethe,
„daß bei dieser Gelegenheit Dinge an den Tag kommen,
woran niemand gedacht hat…
Recht klar über den irlaendischen Zustand
werden wir aber doch nicht, denn die Sache ist zu
verwickelt."

Eckermanns Gespräche mit Goethe
7. April 1829[1]

---

[1] Vgl. Tieger, Manred P.: Nordirland, Geschichte und Gegenwart, Birkhäuser Verlag, Basel 1985, S.1

An dieser Stelle möchte ich
Dr. Martin Melaugh von der Ulster University
sehr herzlich für sein unermüdliches Engagement danken.
Ohne ihn wäre mir der Zugang zu Befragungsmaterial
verwehrt geblieben.

INHALTSVERZEICHNIS

1. EINLEITUNG 9
   1.1 Forschungsüberblick 12
   1.2 Vorgehensweise 13

2. DER VERLAUF DER „TROUBLES" VON 1968 BIS 1972 15
   2.1 Der Beginn der Eskalation 15
   2.2 Vom „Internment without Trial" bis zum „Bloody Sunday" 18

3. HISTORISCHER ÜBERBLICK 20
   3.1 Das Jahr 1169 und seine Folgen 20
   3.2 Die Unterwerfung Irlands im 16. und 17. Jahrhundert 21
   3.3 Das 18. Jahrhundert – vom „Treaty of Limerick" bis zum „Union Act" 23
   3.4 Das 19. Jahrhundert als Epoche der Einheit 24
   3.5 Von der irischen Renaissance bis 1921 25
   3.6 Die Zeit nach der Teilung bis zum Ausbruch der Troubles 27

4. URSACHENANALYSE DER ESKALATION VON 1968 BIS 1972 29
   4.1 Das Problem der „doppelten Minderheit" 30
   4.2 Das politische System als Faktor der Eskalation 32
      4.2.1 Die Besonderheiten des Wahlsystems 40
      4.2.2 „law and order" 43
      4.2.3 Politik und „sectarianism" 44
   4.3 Ethnische und konfessionelle Unterschiede als Ursache 44
      4.3.1 Die ethnische Konfliktlinie 45
      4.3.2 Die religiöse Konfliktlinie 47
   4.4 Der ökonomische Aspekt als Ursache 56
   4.5 Die soziale Benachteiligung als Konfliktursache 61
   4.6 Der Faktor Segregation als Ursache 61

5. SCHLUSSBEMERKUNG 66
   Hinzu kommt: 70

6. QUELLENVERZEICHNIS 71
   Internetquellen (in der Reihenfolge ihrer Erwähnungen im Text): 73

7. ANHANG 74

1. EINLEITUNG

Kaum ein Land auf der Welt kann von sich behaupten, es hätte noch nie in der Geschichte seines Bestehens unter inneren Auseinandersetzungen, seien sie ethnisch-religiöser oder politischer Art, gelitten. Täglich erreichen uns Berichte über solche Konfliktherde nicht nur aus Fernost. Das Jahr 2008, in dem diese Untersuchung entstanden ist, ging nicht nur die gewaltige Armee Chinas erneut mit brachialer Gewalt gegen tibetische Mönche und die Bevölkerung vor. Nein, man denke nur an das Konfliktgeschehen auf der geteilten Mittelmeerinsel Zypern, wo sich seit Jahrzehnten griechische und türkische Zyprioten um die Berechtigung des Seins streiten.

Doch es kann mit Bestimmtheit gesagt werden, dass sich in keinem Land der Welt die Konfliktursachen derart weit zurückverfolgen lassen wie in Nordirland. Seit nunmehr 840 Jahren kämpfen zwei Bevölkerungsgruppen um die Vorherrschaft auf der grünen Insel am äußersten Rand Europas, von wenigen und vor allem kurzlebigen Friedenszeiten abgesehen. Lange Zeit hat Europa wenig Interesse an dieser Auseinandersetzung gezeigt. Dafür kommen vielerlei verschiedene Gründe in Betracht, wie eigene innere Konflikte, eigene territoriale Eroberungen, die Weltkriege, aber auch der Glauben, dies sei Sache Großbritanniens. Mitunter war es sicherlich auch die fehlende Möglichkeit via Medien die Menschheit außerhalb Europas auf die Geschehnisse in Irland aufmerksam zu machen, die erst ab dem 20. Jahrhundert weitläufig gegeben sind. Doch erst mit dem gewalttätigen Ausbruch des Konfliktgeschehens im Jahre 1968, der nur die Spitze einer scheinbar ewig währenden Auseinandersetzung darstellte, erreichte den Nordirlandkonflikt ein bis dato unbekanntes Interesse. Denn als friedliche Protestler im Oktober 1968 von einer rasenden Meute mit Steinen beworfen und geschlagen wurden, waren auch erstmals Kameras dabei, die die unglaublichen Bilder von Angst, Wut und in Hass umschlagende Verzweiflung um die Welt schickten. Von nun an vermehrte sich das Interesse am Phänomen des Nordirlandkonfliktes, der von den Briten verharmlosend als „Troubles" bezeichnet wird, nicht nur von journalistischer Seite, sondern auch von wissenschaftlicher. Plötzlich war er nicht mehr das unliebsame Problem Großbritanniens, sondern rückte nun in den Fokus der Welt.

Im Jahre 2008 schien dort Frieden zu herrschen, wo vor genau 40 Jahren die gewalttätigsten Auseinandersetzungen der nordirischen Geschichte ihren Lauf nahmen, die bis zum Beginn des 21. Jahrhunderts 3296 Todesopfer[2] und weitere tausende leicht- wie auch schwerverletzte Personen forderten. Zehn Jahre zuvor begann der Friedensprozess, der den Menschen ein angstfreies Leben bescheren sollte. Doch es ist ein trügerischer Frieden, der

---

[2] Bittner, Johannes/ Knoll, Christian: Ein unperfekter Frieden. Die IRA auf dem Weg vom Mythos zur Mafia, R.G. Fischer Verlag, Frankfurt/Main 2000, S.145

den wachsamen europäischen Beobachtern vorgespielt wird, denn allein im Jahr 2001 wurden mehr als 840 paramilitärische Anschläge in Nordirland registriert. Immer wieder geraten die Friedensverhandlungen ins Stocken, letztmalig 2003, als sich nach den nordirischen Parlamentswahlen die Fronten zwischen den nationalistischen und unionistischen Parteien wieder verhärteten, da sowohl mit der DUP von Ian Paisley als auch mit der Sinn Féin von Gerry Adams Parteien gestärkt wurden, die sich mit Friedensgesprächen immer noch schwer tun.[3] Auch fünf Jahre danach ist das Leben im Norden Irlands weniger vom Frieden als von Stacheldraht, Schusswaffen und Gewalt geprägt. Zwar ist die Innenstadt Belfasts mittlerweile modernisiert, viele ihrer Ghettos gleichen schicken Wohnsiedlungen und die Zahl der Integrationsschulen steigt, doch ebenso gibt es immer noch Mauern die quer über Fahrbahnen verlaufen und somit protestantische Wohngebiete von katholischen trennen und umgekehrt. Besonders nach der Zeit des Belfaster Abkommens vom Karfreitag des Jahres 1998 ist ein Anstieg an Gewalttätigkeiten, insbesondere im Kreise politischer Organisationen, zu vermerken. Eindrucksvoll gibt der nachfolgende Zeitungsartikel, vom 12. März 2008, die derzeitige Situation in Nordirland wieder.

---

[3] Knoll, Christian Ludwig (Hrsg.): Nordirland auf dem Weg ins 21. Jahrhundert, Nordthor Verlag, Norderstedt o.J., S.11.

Der eingemauerte Frieden

In Belfast wird die Trennung von Katholiken und Protestanten zementiert

Der ungesühnte Mord an Robert McCartney ist ein Beispiel für das Verhältnis der einstigen Bürgerkriegsparteien in Nordirland.

VON MARIANNE QUOIRIN

Belfast - Die Angst ist immer noch allgegenwärtig in Short Strand. Sie beherrscht fast jeden Satz, fast jede Geste, wenn man in dieser katholischen Enklave von Belfast nach den McCartney-Schwestern fragt. Man glaubt, die Angst zu riechen, zu fühlen, zu schmecken. Fremde werden misstrauisch beäugt, im Laden verstummt sofort jedes Gespräch, wenn ein Kunde nicht zu identifizieren ist. „Ich hoffe, dass bald auch die letzte der McCartneys hier verschwindet, dann haben wir endlich Ruhe", sagt eine Frau vor einem Imbiss. Sie verschwindet schnell mit ihren Töchtern, als sie sieht, dass sie aus einem Fenster beobachtet wird.

Aus diesem verwahrlosten Stadtteil ohne die kleinste Dividende aus dem Friedensprozess gingen vor drei Jahren die Bilder von fünf jungen Frauen um die Welt. Die vier Schwestern und die Lebensgefährtin von Robert McCartney machten mobil gegen die IRA, die Herrscher des Ghettos und fanden dabei mächtige Fürsprecher wie US-Präsident George W. Bush, Senatorin Hillary Clinton und den Dalai Lama: Short McCartneys Mörder vor Gericht zu bringen. Der 34 Jahre alte Gabelstaplerfahrer und Vater von zwei kleinen Kindern war am 30. Januar 2005 vor einer Kneipe von IRA-Mitgliedern erstochen worden. Die IRA ließ anschließend den Tatort akribisch reinigen und die Filme aus den Überwachungskameras entfernen.

Drei Jahre später will kaum einer etwas von dem Verbrechen wissen: Zwei mutmaßliche Täter kamen auf Kaution frei und geben mit anderen Tatverdächtigen in Short Strand wieder den Ton an. Die Verlobte des Opfers und ihre beiden Kinder wurden aus dem Viertel vertrieben, zwei seiner Schwestern flohen nach Attacken. Eine, von Beruf Rettungssanitäterin, musste kündigen, weil sie nach Todesdrohungen nicht mehr wagt, sich in katholischen Vierteln einsetzen zu lassen, weil dort die IRA Selbstjustiz übt.

Der irische Premier Bertie Ahern lobt die McCartneys als „mutigste" Frauen, aber zu Hause haben sich alle von ihnen abgewandt, selbst frühere Freunde. Bei der Suche nach der Wahrheit stießen sie auf Widerstand, im günstigsten Fall auf „Mauern des Schweigens", so auch der Titel des Buchs von Catherine McCartney. Die Lehrerin beschreibt in dem gerade erschienenen Buch der Folgen eines Mordes, der vor allem deshalb nicht aufgeklärt wird, weil der Friedensprozess in Nordirland nicht gestört werden soll. Denn wenn auch die IRA unter Aufsicht einer Kommission ihre Waffen vernichtet hat, ist sie immer noch nicht bereit, als Veteranenverein in die Geschichte einzugehen.

Szenenwechsel. Shankill Road, die berühmteste Straße der Protestanten: Zwei junge Männer, mit Spuren schwerer Misshandlungen im Gesicht, marschieren im Schlepptau einer selbst ernannten Bürgerwehr mit Pitbull-Terriern an der Leine. Sie tragen Plakate vor sich her: Schuldig des mehrfachen Einbruchs. Die beiden Teenager haben sich vor keinem Gericht verantworten müssen, sie sind verfolgt, verurteilt und zusammengeschlagen worden von Männern, die sich als Polizei, Richter und Vollstrecker aufführen. Diese sollen zur Ulster Voluntter Force, einer protestantischen Untergrund-Organisation, gehören. Zwar bekennt sich auch diese Terror-Organisation zum Friedensabkommen, aber die Rolle als Herrscher des protestantischen Arbeiterviertels wird sie nicht aufge-

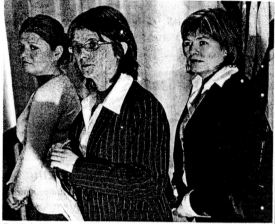

Claire, Paula, Catherine (v. l.): drei McCartney-Schwestern nach einem Besuch in Washington BILDER: DPA

ben. Die Bestrafungsaktion dauert mehr als eine Stunde, aber niemand wagt, die Polizei zu rufen. Opfer und ihre Familien werden nicht bei der Polizei aussagen: Die Warnung, sie würden aus ihren Häusern vertrieben oder erschossen, hat ihre Wirkung nicht verfehlt.

Zehn Jahre nach dem Karfreitagsabkommen, dessen Jubiläum im April mit politischer Prominenz (Ex-US-Präsident Bill Clinton, Großbritanniens Ex-Premier Tony Blair) gefeiert werden soll, boomt die nordirische Provinz. Auf Fernsehbildern und Fotos der nordirischen Provinzregierung strahlen alle um die Wette: Ian Paisley, der Boss der radikalen Protestanten und Martin McGuinness, früher Stabschef der IRA, heute höchster Repräsentant der Sinn-Fein-Partei. Ihre Versuche, die Gegensätze und Probleme hinwegzulächeln, wenn Investoren in Nordirland aufkreuzen, sind meist von Erfolg gekrönt. Das wenn die Feinde von einst jetzt Eintracht demonstrieren, scheint alles auf dem besten Weg zum Frieden.

Aber jenseits von Stormont, dem pompösen Regierungssitz, und jenseits der Glitzerwelt von Belfast City mit ihren von Michelin-Sternen gekrönten Restaurants und Nachtclubs gibt es das andere Belfast. Die hohen Mauern zwischen den katholischen und protestantischen Arbeitervierteln sind seit dem Friedensabkommen noch verfestigt und erhöht worden. Und die Menschen, die hinter den monströsen Bollwerken aus Beton und Stacheldraht le-

ben, wohnen auf verschiedenen Planeten: Man lebt unter sich, geht nur zum Arzt oder zur Sportstätte im eigenen Viertel, kauft dort ein oder nur in ausgelagerten Einkaufszentren, schickt die Kinder in die Schule der eigenen Konfession, nimmt dafür notfalls doppelt und dreifach so lange Wege in Kauf, zieht nie in ein Haus, um nicht „am falschen Viertel" liegt. So stehen in einigen Gegenden Häuser monatelang leer, während in anderen die Warteliste länger und länger werden.

Alltägliche Gewalt

„Die Teilung führt zur Verdoppelung oder sogar zur Vervielfältigung öffentlicher Aufgaben für beide Bevölkerungsgruppen, die dicht nebeneinander leben, aber nichts miteinander zu tun haben wollten." So heißt es in einem Bericht der britischen Regierung, die jährlich umgerechnet 2,1 Milliarden Euro für die geteilte Gesellschaft aufbringt. Nur ein winziger Posten für Erhellung des Problems: 165 Schulbusse machen allein in Belfast täglich Extratouren, weil der gemeinsame Schulbesuch immer noch die Ausnahme ist.

Fast täglich meldet die Polizei sektiererische Übergriffe, Brandanschläge, Attacken auf Feuerwehren, Rettungsdienste und Polizei. Eine protestantische Kirche sah sich nach mehr als 40 Zündeleien genötigt, Überwachungskameras zu installieren. Nach Überfällen auf Chinesen, Rumänen und andere Ausländer im vorigen Sommer bekam Belfast einen neuen Beinamen, der aber gern verschwiegen wird: Europas Hauptstadt der Fremdenfeindlichkeit.

Sieht so Frieden aus?

Die Gründe für die Eskalation von 1968 und ihren jahrelangen Fortlauf, die vertikale Spaltung der Gesellschaft, die Stigmatisierung der Bevölkerung durch ihre Konfessionszugehörigkeit und die nicht zu leugnende Diskriminierung der nordirischen katholischen Minderheit, liegen weit in der Vergangenheit der anglo-irischen Geschichte. Erst wenn sie verdeutlicht werden, ist es möglich auch das gesamte Konfliktgeschehen zu verstehen.

1.1 Forschungsüberblick

Die Beschäftigung mit dem Nordirlandkonflikt als signifikante Kategorie in der Geschichtswissenschaft ist definitiv kein neues Forschungsfeld. Vielmehr stellt der Konflikt eine Fülle an Literatur zur Verfügung, wobei nach eingehender Recherche und eingehendem Studium schnell ersichtlich wird, dass sich viele Werke gleichen, da ihnen zum einen natürlich dieselbe Thematik zugrunde liegt sowie aus den gleichen Quellen geschöpft wird.

Schon lange ist die Auseinandersetzung auf der „Grünen Insel", insbesondere die Nordirlands, Gegenstand wissenschaftlicher Untersuchungen. Bei vielen dieser Werke steht die gesamtirische Geschichte im Vordergrund, dabei lassen sich mehr oder weniger ausführlich berichtende Werke ausfindig machen. Des Weiteren zeigt sich ein breites Literaturfeld, das sich ausschließlich mit den einzelnen Aspekten, der am Konflikt beteiligten Parteien und Organisationen, ihrer Entstehung und Einbindung in diesen beschäftigt. Ebenso mannigfach sind die Werke zur Problem- und Strukturanalyse. Hinzu kommen Augenzeugenberichte ehemaliger Aktivisten und Arbeiten, die sich mit der Sicht der Presse auseinandersetzen. Sogar auf dem wissenschaftlichen Gebiet der Entscheidungstheorie wird der Konflikt mittlerweile behandelt. Dies wird durch den Aufsatz von Joyce M. ALEXANDER „An Analysis of Conflict in Northern Ireland" belegt. Doch auch außerhalb der wissenschaftlichen Beschäftigung, zum Beispiel in den Medien, ist der Nordirlandkonflikt nach wie vor ein Thema. So finden sich unter anderem in den Medienarchiven der Fernsehsender ZDF und Arte Dokumentationen, ebenso wie zahlreiche Spielfilme, in denen diese Thematik, mal mehr, mal weniger authentisch behandelt wird. Ein weiteres greifbares Feld der Untersuchungen zeigt die englischsprachige Literatur, wobei sich hier die Beschaffung teilweise als sehr schwierig gestaltete.

Der Großteil dieser Werke stammt aus dem Zeitraum der so genannten „Troubles", insbesondere den 1970er Jahren. Aus einer Zeit, in der das Interesse am Nordirlandkonflikt in Europa besonders hoch war und in der die Ursachenanalyse im Vordergrund stand. So beschäftigte sich Klaus STADLER wie auch Michael RAAP sehr ausführlich mit den verschiedenen Konfliktlinien der Auseinandersetzung. Aber auch auf die neuere Literatur muss an dieser Stelle hingewiesen werden. Hier sticht besonders der deutsche Autor Johannes

KANDEL hervor, der im Jahre 2005 ein umfassendes Werk zu diesem Themenkomplex erarbeitet und veröffentlicht hat, das jedoch auch keine bahnbrechenden Neuerungen enthält. Hinzu kommen die zahlreichen Zeitungsartikel und wissenschaftlichen Arbeiten aus jüngerer Zeit, die deutlich zeigen, dass das Interesse nach wie vor ungebrochen ist, ebenso wie die Suche nach Lösungen.

1.2 Vorgehensweise

Die nachfolgende Ausführung zum Nordirlandkonflikt soll daher als Ursachenanalyse verstanden werden. Doch eine Beschäftigung mit diesem erweist sich aufgrund der Komplexität der Auseinandersetzung als eine schwierige Aufgabe, denn *„jede Arbeit über den Konflikt"*, so Michael RAAP *„muss der historischen Dimension Rechnung tragen, da sonst die verschiedenen Ansätze einer Erklärung des Konfliktes nicht transparent gemacht werden können."*[5]. Daher wird zu Beginn dieser wissenschaftlichen Untersuchung ein kurzer Überblick über den Verlauf der „Troubles" zwischen 1968 und 1972 gegeben, in dem die Aktivitäten von Seiten der Politiker ebenso dargestellt werden, wie die beider Bevölkerungsteile. Danach erfolgt ein historischer Rückblick, durch den die Wurzeln des Konfliktgeschehens verdeutlicht werden sollen, um dann eine Ursachenanalyse der Eskalation von 1968 bis 1972 erfolgen zu lassen. Dabei sollen in erster Linie die Hauptfaktoren benannt und beleuchtet werden, die zu dieser gewalttätigen Auseinandersetzung geführt haben. Mit Sicherheit ließen sich noch weitere kleinere Umstände ausfindig machen, die die eskalierende Situation begünstigten, doch kann und soll aufgrund des Umfangs dieser Arbeit darauf nicht eingegangen werden.

Abschließend erweist es sich als interessant der Frage nachzugehen, inwieweit die britische Regierung tatsächlich über die Aktivitäten der Unionisten informiert war oder ob sie nur die Augen davor verschlossen hat. Ebenso ist es von Interesse aufzuzeigen, ob die nordirischen Katholiken keine Möglichkeit hatten, sich gegen die Maßnahmen der Protestanten zu wehren. Bedeutungsvoll ist in diesem Zusammenhang auch der psychologische Ansatz der Bösartigkeit, wie auch die von David McKITTRICK aufgestellte These, dass: *„the heart oft the Northern Ireland problem lies in this clash between two competing national aspirations. This basic competition in complicated by issues of power, territory and justice."*[6]

Außerdem soll ein kurzer Ausblick auf die bereits vielfach diskutierten Lösungsvorschläge erfolgen. Dabei war angedacht, eine Befragung unter der nordirischen Bevölkerung als Grundkonsens zu verwenden, doch leider wurden jegliche Versuche anonyme Befragungen durchzuführen, von administrativen Stellen untergraben, so dass lediglich auf die vom

---

[5] Zitiert nach: Rapp, Michael: Nordirland am Scheideweg, Britische Direktherrschaft, anglo-irische Dimension und internationale Verflechtung, tuduv-Studien, Reihe Politikwissenschaften Bd.15, München 1987, S.22.
[6] McKittrick, David: Making sense of the troubles, Penguin Books, London, England 2001, S.2.

NILT durchgeführte Studie zurückgegriffen werden musste, die jedoch erst seit 1999 betrieben wird und leider nicht immer auf die gleichen Basisfragen zurückgreift und daher im vorliegenden Fall nur eingeschränkt bis gar nicht verwendbar ist.

Der Vollständigkeit halber muss noch erwähnt werden, dass zur Unterscheidung der beiden involvierten Bevölkerungsgruppen im Fall der katholischen Iren auch von gälischen Ureinwohnern, den Katholiken, den Nationalisten oder den Iren gesprochen wird. Die protestantische Mehrheit in Nordirland wird unter anderem auch als britische Siedler, Invasoren und Kolonisten sowie als britisch-stämmige Iren, Protestanten und Unionisten bezeichnet.

2. DER VERLAUF DER „TROUBLES" VON 1968 BIS 1972

Bereits einige Jahre vor der offiziellen Eskalation des Konfliktes war es des Öfteren zu kurzen aber heftigen Zwischenfällen gekommen, bei denen es ebenso Verletzte wie Tote gegeben hatte. Schon im Mai des Jahres 1966 hatte die loyalistisch-extremistische „Ulster Volunteers Force" der IRA offiziell den Krieg erklärt. Den Ernst dieser Situation verdeutlichte sie wenig später, nämlich am 26. Juni 1966 durch ein Attentat auf drei Barkeeper des International Hotel Belfast, die verdächtigt wurden, der IRA anzugehören.[7] Nach jahrzehntelanger Passivität der katholischen Minderheit[8] formierte sich aufgrund dieses Vorfalls Anfang 1967 die katholische „Northern Ireland Civil Rights Association" (NICRA)[9], um die Interessen der Katholiken zu vertreten. Ihre Hauptanforderungen waren die Abschaffung des Zensuswahlrechts bei Kommunalwahlen, Gesetze gegen die Diskriminierung der Katholiken auf dem Arbeitsmarkt, die gerechte Vergabe von staatlichen Wohnungen, die Aufhebung des „Special Powers Act" sowie die Auflösung der „Ulster Special Constabulary", einer besonders gewaltbereiten Polizeitruppe von annähernd 4500 Personen.[10]

2.1 Der Beginn der Eskalation

Ein auslösendes Moment der Eskalation war die Hausbesetzung durch den nationalistischen Parlamentsabgeordneten Austin Currie, der so auf die Diskriminierung der katholischen Minderheit aufmerksam machen wollte. Dieser Aktion war die Zuweisung eines Hauses an die Sekretärin eines unionistischen Politikers vorausgegangen, obwohl Currie die zuständige Behörde darüber informiert hatte, dass eine katholische Familie umgehend eine Wohnung bräuchte. Im Anschluss an Curries Protestakt begann die NICRA durch friedliche Protestmärsche, wie den von Coalisland nach Dungannon[11] öffentlich auf die Lage der Katholiken in Nordirland aufmerksam zu machen.[12] An diesem Demonstrationszug nahmen nicht nur nordirische Nationalisten teil, sondern auch einige Labour-Abgeordnete aus England.[13] Dennoch konnte nicht verhindert werden, dass es an diesem 5. Oktober 1968 zu einem schweren Zusammenstoß zwischen den Demonstranten und der Polizei kam, bei der

---

[7] Kandel, Johannes: Der Nordirland-Konflikt. Von seinen historischen Wurzeln bis zur Gegenwart, Hrsg. Dieter Dowe, Michael Schneider, Historisches Forschungszentrum der Friedrich-Ebert-Stiftung, Reihe: Politik- und Gesellschaftsgeschichte, Bd.69, J.H.W. Dietz Nachf. GmbH, Bonn 2005, S.112.
[8] Kruse, Christiane: Der Nordirlandkonflikt im Fokus journalistischer Schemata, Eine Analyse der Berichterstattung ausländischer Tageszeitungen unterschiedlicher Distanz, Beiträge zur Kommunikationstheorie Bd.1, hrsg. Joachim Westerbarkey, Lit Verlag, Münster 1993, S.89.
[9] Breuer, Rolf: Irland, S.184.
[10] Kruse, Christiane: Der Nordirlandkonflikt im Fokus journalistischer Schemata, S.69.
[11] Kandel, Johannes: Der Nordirland-Konflikt, S.98.
[12] Breuer, Rolf: Irland, S.184.
[13] Morrison, Danny: Troubles. Eine Einführung in die Geschichte Nordirlands, 1. Auflage, Unrast-Verlag, Münster 1997, S.32.

die „Royal Ulster Constabulary" (RUC) mit äußerster Brutalität vorging.[14] Dieser gewaltsame Zusammenstoß wird daher gemeinhin als das Schlüsseldatum des Konfliktes von 1968 bezeichnet. Im Unterschied zu den vorausgegangenen Auseinandersetzungen waren bei diesem Marsch jedoch Fernsehkameras anwesend, die den brutalen Einsatz der nordirischen Polizei festhielten und die Bilder um die Welt schickten.[15] Trotz des bereits ersichtlichen Gewaltpotentials der britischen Regierung, ausgeführt von der RUC, folgten weitere Protestmärsche, die nicht nur auf Seiten der nordirischen Polizei, sondern auch bei der protestantischen Bevölkerung in massiver Gewaltanwendung gipfelten.[16] Nach dieser ersten Phase der Eskalation sah sich auch die nordirische Regierung unter Premierminister Terence O'Neill (1914-1990) gezwungen, die Spannungen zwischen den entlang der Konfessionsgrenzen entzweiten Bevölkerungsgruppen zu entschärfen.[17] Daher veröffentlichte er am 22. November 1968 ein „Fünf-Punkte-Programm" in dem gesellschaftliche Reformen, wie die Zuweisung von Wohnraum oder die Ernennung eines Ombudsmann zur Entspannung der Lage beitragen sollten. Doch diese Bemühungen kamen zu spät, denn als die linksorientierte studentische Bürgerrechtsorganisation „People's Democracy" (PD) unter Führung von Bernadette Devlin in einem Protestmarsch am 1. Januar 1969 von Belfast nach Derry zog, eskalierte die Situation. Der eigentlich als friedlicher Protest geplante Zug wurde massiv durch die Attacken protestantischer Extremisten gestört. Die nordirische Polizei erfüllte dabei nicht ihre Schutzfunktion, sondern bekundete stattdessen offen ihre Sympathie mit den Loyalisten, die diesen Marsch als Angriff auf *„ihr Territorium und die Verfassung Nordirlands"[18]* ansahen. Diese feindlichen Attacken erreichten am 4. Januar 1969, ihren vorläufigen Höhepunkt mit dem Überfall an der Brücke von Burntollet, auf der Hauptstraße von Claudy nach Derry. Auf die friedlichen Protestler, die in der Zwischenzeit durch Sympathisanten auf mehrere hundert Personen angewachsen waren, warteten in der Nähe der Brücke knapp 200 mit Steinen, Nagelstöcken und Eisenstangen bewaffnete Loyalisten sowie B-Specials.[19] Die Studenten und ihre Anhänger wurden, so Danny Morrison, Abgeordneter der Sinn Féin von 1982 bis 1986, geschlagen und in den Fluss geworfen. Dennoch setzten sie ihren Marsch unbeirrt fort.[20] Insgesamt wurden bei diesem Angriff 13 Personen zum Teil schwer verletzt. Auch dieses Mal verhielt sich die Polizei äußerst passiv und bot den friedlichen Protestlern keinerlei Schutz, infolgedessen kam es zu mehrtägigen Unruhen, die zusätzlich durch die Brutalität der

---

[14] Kandel, Johannes: Der Nordirland-Konflikt, S.112.
[15] Morrison, Danny: Troubles, S.32.
[16] Kruse, Christiane: Der Nordirlandkonflikt im Fokus journalistischer Schemata, S.69.
[17] Breuer, Rolf: Irland, S.184.
[18] Zitiert nach: Kandel, Johannes: Der Nordirland-Konflikt, S.113.
[19] Kandel: Johannes: Der Nordirland-Konflikt, S.112f.
[20] Morrsion, Danny: Troubles, S.33.

Polizei verschärft wurden.[21] Bereits in der darauffolgenden Nacht rächte sich die RUC für den Widerstand der „People's Democracy". Mit einer beträchtlichen Anzahl von Polizisten drangen sie in das nationalistische und somit katholische Bogside-Viertel ein, stürmten Wohnhäuser und verprügelten die Bewohner.[22] Die katholische Bevölkerung reagierte daraufhin mit der Errichtung von Barrikaden und Bürgerwehren („Local Vigilante Comitess"), wodurch die RUC eine Woche lang von dem Viertel ferngehalten werden konnte. So wurde „Free Derry" geschaffen. Nach diesen Vorkommnissen wurden Stimmen laut, die O'Neills Rücktritt forderten. Er wollte sich dem Willen der Bevölkerung jedoch nicht beugen und schrieb für den 24. Februar 1969 neue Wahlen aus. Während O'Neill Stimmen und Wahlkreise verlor, gewann die unionistische Partei der „Protestant Unionists" von Ian Paisley mehr und mehr Zuspruch innerhalb der protestantischen Bevölkerungsschicht. Unvermeidbar wurde O'Neills politischer Untergang am 17. April 1969, als in den Nachwahlen in Mid-Ulster die nur 21-jährige Bernadette Devlin als Siegerin hervorging und als jüngste Frau ins britische Parlament einzog. Während die Unionisten in Devlins Sieg eine parlamentarische Schwächung sahen, feierte das national-republikanische Lager sie enthusiastisch. Begleitet von schweren Unruhen in Newry und Derry, Bombenattentaten auf Elektrizitätseinrichtungen und das Silent Valley Wasserwerk bei Belfast trat Terence O'Neill am 28. April 1969 zurück. Nicht einmal das von ihm kurz zuvor eingeführte Wahlsystem des „one man, one vote" hatte ihn retten können. Dafür sah er aber am Ende seiner Amtszeit ein, dass er die Last der historischen Traditionen, die in den gesellschaftlichen Strukturen und in der politischen Kultur Nordirlands wurzelten, absolut unterschätzt hatte.[23] Doch auch sein Nachfolger James Chichester-Clark konnte der weiterhin wütenden Gewalt nicht Herr werden. Zum einen war seine Stellung in der „Ulster Unionist Party" (UUP) äußerst schwach, zum anderen blieb ihm zu wenig Zeit, um seine Reformen umzusetzen und die explosive Lage zu entschärfen, da bereits ab Juli 1969 die Krawalle und gewalttätigen Auseinandersetzung nicht mehr abrissen. Am 2./3. August erreichten sie ihren Höhepunkt in Belfast und am 12. August in Derry, in der sogenannten „Schlacht um die Bogside".[24] Daraufhin sah sich die britische Regierung veranlasst, am 14. August 1969 Truppen nach Nordirland zu entsenden, die jedoch von der katholischen Bevölkerung mit Misstrauen empfangen wurden, denn für sie waren sie weder Beschützer noch Garanten des Waffenstillstands, sondern vielmehr ein Teil der Unterdrückungsmaschinerie Großbritanniens.[25] Dennoch verlor die Polizei beinahe vollständig die Kontrolle, weshalb die britische

---

[21] Kandel, Johannes: Der Nordirland-Konflikt, S.113f.
[22] Morrison, Danny: Troubles, S.33f.
[23] Kandel, Johannes: Der Nordirland-Konflikt, S.114f.
[24] Kandel: a.a.O., S.116.
[25] Breuer, Rolf: Irland, S.184f.

Regierung im Jahre 1970 den Belagerungszustand für Nordirland verkündete.[26] Im selben Jahr kam es auch zur Spaltung der IRA in die sozialistisch orientierten „Officals", die sich auf die politische Arbeit konzentrierten und die sogenannten „Provisionals", die militanten Nationalisten.[27]

Die Bilanz der Vorkommnisse des Juli und August 1969 lautet: 10 Tote, 1600 Verletzte und 16 vollständig niedergebrannte Fabriken. Es wurden 60 katholische Pubs angegriffen, 24 davon zerstört und 170 Wohnungen komplett niedergebrannt. Insgesamt flohen 1820 Familien, darunter 1505 katholische, aus ihren Häusern. Die „Community Relations Commission" (CRC) erstellte eine Studie, der zufolge ungefähr 40.000 Personen in diesem Zeitraum flüchten mussten. Der materielle Schaden belief sich auf rund acht Millionen Pfund.[28]

2.2 Vom „Internment without Trial" bis zum „Bloody Sunday"

Ab Sommer 1971 entschloss sich die britische Regierung aufgrund der Ereignisse der vergangenen drei Jahre zum „Internment without Trial", zur Internierung ohne Gerichtsverfahren. Dieses Gesetz erlaubte die Festnahme und Inhaftierung von Verdächtigen auf unbestimmte Zeit und fasste es als unnötig auf Anklage zu erheben noch ein Gerichtsverfahren stattfinden zu lassen. Auf dieser Grundlage wurden am 9. August 1972 342 ausschließlich katholische Personen verhaftet.[29] Dabei wurde auch nicht vor Minderjährigen Halt gemacht, wie das Beispiel Martin Livingstone zeigt. Der 15-jährige Martin sowie sein älterer Bruder Pat wurden verhaftet und interniert, da man sie verdächtigte Republikaner zu sein. Obwohl beide bald wieder freigelassen wurden, beschloss man kurz darauf sie für eine Dauer von 25 Jahren erneut zu inhaftieren.[30] Die Hoffnungen der nordirischen Polizei lagen bei diesen Maßnahmen darin, so viele Mitglieder wie möglich, der noch unbedeutenden IRA, zu verhaften. Dieses Vorhaben misslang allerdings, da sich ein Großteil durch frühzeitige Warnungen in die Republik Irland hatte absetzen können. Weitere, teils willkürliche Verhaftungen folgten und sorgten zudem auf Seiten der katholischen Bevölkerung für Empörung und Verbitterung, was schließlich für eine erneute Verhärtung der Fronten zwischen den Katholiken und der britischen Armee beziehungsweise der Polizei sorgte.[31] Zudem führte der Erlass des Internierungsgesetzes zum Wiedererstarken des Republikanismus und der zuvor marginalisierten IRA. Von nun an übernahm die parlamentarische Organisation die Verteidigung der katholischen Viertel, da

---

[26] Kruse, Christiane: Der Nordirlandkonflikt im Fokus journalistischer Schemata, S.70.
[27] Breuer, Rolf: Irland, S.185.
[28] Kandel, Johannes: Der Nordirland-Konflikt, S.117.
[29] Kruse, Christiane: Der Nordirlandkonflikt im Fokus journalistischer Schemata, S.70.
[30] Morrison, Danny: Troubles, S.37.
[31] Kruse, Christiane: Der Nordirlandkonflikt im Fokus journalistischer Schemata, S.71.

weder die RUC noch die britische Armee dazu bereit waren, sich dieser Aufgabe anzunehmen. In den nationalistischen Ghettos von Belfast und Derry kam es infolgedessen zur Errichtung sogenannter „no-go-areas", zu denen Sicherheitskräften der Zutritt verwehrt wurde, denn hier übte die IRA ein paralleles Gewaltmonopol aus. Im Verlauf des Jahres 1971 ging die „Provisional IRA" zur militärischen Offensive gegen Sicherheitskräfte und wirtschaftliche Einrichtungen über. Ihre Bombenkampagnen verstärkten allerdings die Belagerungswahrnehmung der Loyalisten, die „ihren" protestantischen Staat sowohl durch die katholische Bevölkerung als auch durch das Verhalten der britischen Regierung bedroht sahen. Sie waren wütend über die Auflösung der „B-Specials" und forderten ein härteres Durchgreifen gegenüber den Nationalisten.[32] Schließlich gipfelten die Auseinandersetzungen im blutigen Übergriff der Ordnungsmacht am 30. Januar 1972, dem „Bloody Sunday". Ein vorläufiges Ende der Eskalation sollte die „direct rule" mit sich bringen.

---

[32] Müller, Michael: Zwischen kultureller Tradition und politischer Ressource. Der Kampf um die Märsche in Nordirland, Arbeitspapier 4/99 der Forschungsstelle Kriege, Rüstung und Entwicklung, Universität Hamburg 1999 S.44f.

3. HISTORISCHER ÜBERBLICK

Sobald man sich mit der Thematik des Nordirlandkonfliktes des 20. Jahrhunderts, seinen möglichen Ursachen, seinem Verlauf sowie seinen Folgen auseinandersetzt, ist es unabdingbar, sich mit der ereignis- wie auch konfliktreichen Vergangenheit der Insel und ihrer Bewohner zu beschäftigen. Es ist zum einen aufgrund der Komplexität des Konfliktes ganz und gar unablässlich zurückzublicken, zum anderen weil noch heute die historischen Ereignisse, so wie Klaus STADLER konstatiert, *„immer wieder von beiden Seiten beschworen werden [...]"* und *„weil viele Grundprobleme des Konfliktes nur in ihrem historischen Zusammenhang verständlich gemacht werden können."*[33]

Von besonderer Bedeutung ist in diesem Zusammenhang die Tatsache, dass sich Nordirland bis heute in zwei Bevölkerungsgruppen spaltet, von denen die eine britisch-protestantisch, die andere irisch-katholisch ist. Wobei die Religion an sich bzw. die religiöse Trennung beider Gruppen, so Manfred BREUER, hauptsächlich als Identifikationsmerkmal benutzt wird und nur ein Vorwand für das Konfliktgeschehen ist. Tatsächlich aber beruht der Grund für die Eskalation im Jahre 1968 nicht nur auf der konfessionsbedingten Verschiedenheit zweier Bevölkerungsgruppen.

Im Verlauf der Analyse wird sich zeigen, dass dieser vielschichtiger ist als auf den ersten Blick angenommen. Doch bevor sich diese Arbeit den Faktoren der Auseinandersetzung zuwendet, soll nachfolgend die historische Entwicklung dargelegt werden, um die Entstehung der sogenannten „Troubles" verstehen zu können. Zu diesem Zweck ist, wie oben angemerkt, ein ganz bestimmter Zeitpunkt von Interesse.

3.1 Das Jahr 1169 und seine Folgen

Folgenschwer für Irlands Schicksal und die Entstehung des Konfliktgeschehens sollte sich der Hilferuf des Fürsten von Leinster, Dermont Macmurrough, an den normannisch-englischen König Heinrich II. erweisen, welcher Heinrichs Unterstützung im Kampf gegen den König von Connaght, Rory O'Connor erbat. Die Rivalität zwischen diesen beiden Fürstenhäusern ausnutzend, erreichten seine anglo-normannischen Truppen unter Befehl des Earl of Pembroke, genannt „Strongbow" mit päpstlicher Erlaubnis, Irland am 1. Mai 1170 in der Nähe der Stadt Wexford.[34] Doch die militärisch überlegenen anglo-normannischen Adligen begannen stattdessen mit der Eroberung ganzer Landstriche und versahen diese mit einem System feudaler Beziehungen.[35] Diese jedoch nur teilweise erfolgte Eroberung sollte sich in den nachfolgenden Jahrhunderten als folgenschwer für den

---
[33] Zitiert nach: Stadler, Klaus: Nordirland. Analyse eines Bürgerkrieges, Wilhelm Fink Verlag, München 1979, S.1.
[34] Penninger, Reinhard: (Nord-)Irland. Mythen und Legenden, religiöser Fanatismus und sozialer Haß bestimmen den blutigen Konflikt auf der „Grünen Insel", Hersg.: Wolf In der Mauer, hpt-Verlagsgesellschaft, Wien 1989, S.13f.
[35] Maurer, Michael: Kleine Geschichte Irlands, S.12.

Machteinfluss Großbritanniens erweisen. Mit allgemeiner Zustimmung geistlicher und weltlicher Mächte errichtete Heinrich II. die „Lordschaft von Irland", die bis zum „Act of Union" Bestand hatte. Parallel dazu verlief ein Assimilationsprozess, infolgedessen sich ein Großteil der Invasoren in die gälische Mehrheitsgesellschaft eingliederte.[36] Aufgrund der Integrationskraft bildete sich alsbald eine „medio ratio", eine Gesellschaft zwischen Engländern und Iren[37], die auch Gesetze wie die „Statues of Kilkenny" von 1366 nicht verhindern konnten. Dennoch spaltete sich ein kleiner Teil der Anglo-Normannen ab, der sich bald schon als herrschende Oberschicht etablieren sollte. Bereits zu diesem Zeitpunkt entwickelte sich die Kirche zum Vorreiter des späteren Konfliktgeschehens. Forciert wurde dies zusätzlich durch die Mönchsorden, die unter Bernhard von Clairvaux Irland erreichten. Schon in diesem Zusammenhang weiß die Geschichte von ersten gewaltsamen Auseinandersetzungen zwischen englischen und irischen Klöstern zu berichten.[38] Nicht zu vernachlässigen ist dabei die Tatsache, dass sich bereits im 13. und 14. Jahrhundert drei Machtgruppen herauskristallisierten, die untereinander um die Vorherrschaft kämpften. Dies waren zum einen die unabhängigen Stammesfürsten im Westen, zum anderen die Anglo-Normannen, die den weitaus größten Teil der Insel beherrschten. Ein kleines Gebiet um Dublin, die sogenannte „Pale", wurde direkt von der britischen Krone kontrolliert. Das Haus Tudor sah darin eine große Gefahr für das englische Mutterland.[39] Am Ende des 15. Jahrhunderts war das tatsächliche Herrschaftsgebiet englischer Verwalter in Irland auf einem schmalen Streifen entlang der Ostküste zusammengeschmolzen.

3.2 Die Unterwerfung Irlands im 16. und 17. Jahrhundert

Das Jahr 1534 stellt in doppelter Hinsicht einen Höhepunkt in der irischen Geschichte dar, denn zum einem beschloss die englische Krone unter Heinrich VIII. ihren Machteinfluss auf die gesamte Insel auszudehnen, zum anderen erfolgte eine Auseinandersetzung zwischen ihm und der römisch-katholischen Kirche, infolgedessen löste sich die englische Kirche aus dem Verband der katholischen. Heinrich ließ sich durch den „Act of Supremacy" zu ihrem Oberhaupt ernennen. Die Loslösung der „Anglikanischen Kirche" von der römisch-katholischen hatte für Irland unübersehbare Konsequenzen[40], denn von nun an trat neben den Aspekt einer Politik der Unterwerfung auch noch die einer religiösen Gegnerschaft, mit der strenge Verbote der irischen Sprache und Sitten einhergingen.[41] Nach Heinrichs Regentschaft wurde das Spiel mit den konfessionellen Gegensätzen zum allgemeinen Mittel

---

[36] Maurer, Michael: Kleine Geschichte Irlands, S.52.
[37] Maurer: a.a.O., S.13.
[38] Maurer: a.a.O., S.13f.
[39] Penninger, Reinhard: (Nord-)Irland, S.15.
[40] Breuer, Rolf: Irland, S.47f.
[41] Breuer: a.a.O., S.51.

der Interessenwahrung der herrschenden Oberschicht. Dies gilt eingeschränkt noch bis heute.[42]

Parallel dazu verstärkten sich die Interessengegensätze zwischen der anglo-normannischen Oberschicht, auch „The Old English" genannt und der englischen Krone, denn je mehr sich die Nachfahren der ehemaligen Invasoren in die irische Gesellschaft einbrachten, desto unwiderruflicher wurde ihr Entscheid, dem „alten" Glauben treu zu bleiben. Dadurch wurde der anglikanische Protestantismus zu einem Merkmal des Gehorsams gegenüber den Wünschen der englischen Zentralgewalt.[43] Dabei spielte die Angst des englischen Königshauses vor einer Umfunktionierung Irlands zu einer Aufmarschbasis für katholische Truppen der europäischen Nachbarländer eine große Rolle.

Im Jahre 1594 ereignete sich dann unter der Führung der nordirischen Familie O'Neill eine der größten Rebellionen Ulsters, die auch als „Nine Years War" in die irische Geschichte einging und 1603 mit einer Niederlage für die Iren endete. Infolgedessen verließ die gesamte irische Oberschicht 1607 in der „Flight of the Earls" die Insel.[44] Damit ging die Beteiligung der gälisch-irischen Feudalherren an der Herrschaft Irlands endgültig verloren und es begann eine neue Periode - die einer vollständigen englischen Oberschicht[45], in der die Anglisierung der keltischen Gesellschaft rapide Fortschritte machte.[46] Denn nun war der Weg frei für das umfassendste und zugleich erfolgreichste Unternehmen der Anglisierungspolitik, die „Plantation of Ulster". Die systematische Besiedlung durch englische und schottische Siedler und Unternehmer sowie durch die Londoner Handelskompanien, die einen beträchtlichen Gebietsteil wie Londonderry übernahmen, verhalf London dazu direkten Einfluss auf Irland zu gewinnen und zerstörte zudem die bis dato intakte gälische Struktur Ulsters.[47] Somit nahm die konfessionelle Spaltung weiter ihren Lauf, während der ethnische Aspekt immer mehr in den Hintergrund rückte, was durch den katholischen Aufstand vom 23. September 1641 ersichtlich wurde[48], durch den die Anglisierung sowie die „Plantation" rückgängig gemacht werden sollte. Im restlichen Irland scheiterte die systematische Kolonialisierung jedoch, obwohl die „Plantation" durch eine massive und grausame Umsiedlungspolitik Oliver Cromwells ab dem Jahre 1649 fortgeführt wurde, die jedoch nur im Norden griff. Der englischen Devise zur Folge „to Hell or to Connaght" gab es katholische Landbesitzer nur noch in der Provinz Connaght.[49]

---

[42] Stadler, Klaus: Nordirland, S.5f.
[43] Alioth, Martin: Irlands Krankengeschichte, S.8 in: NZZ Folio. Die Zeitung der neuen Zürcher Zeitung: Nordirland, Nr.3/1996, S.6-12.
[44] Breuer, Rolf: Irland, S.60.
[45] Breuer, Rolf: Irland, S.54.
[46] Breuer: a.a.O., S.60.
[47] Beckett, James: Geschichte Irlands, 4. erweiterte Auflage, Alfred Kröner Verlag, Bd. 419, Stuttgart 1997S.81f.
[48] Penninger, Reinhard: (Nord-)Irland, S.19.
[49] Stadler, Klaus: Nordirland, S.101f.

Am Ende des 17. Jahrhunderts wurde Irland dann zum Schauplatz europäischer Machtpolitik, als sich die Situation zwischen dem ehemaligen und vor allem katholischen König James II. gegen den vom englischen Parlament eingesetzten protestantischen König Wilhelm III, Prince of Orange, verschärfte, nachdem auch die Epoche der Restauration durch Charles II. keine Lösung gebracht hatte. In diesem „Wilimatie War" kam es zu einer Belagerung der Stadt Londonderry durch die katholische Armee und James, die jedoch in der entscheidenden Schlacht vom 1. Juli 1690 am Fluss Boyne verloren ging, da James wenig Behauptungswillen zeigt und im Eiltempo ins französische Exil ging.[50] Noch heute erinnern Paradenmärsche an die „Battle of Boyne". Der Umstand, dass Wilhelm mit dem Papst verbündet gewesen war und dass in Rom die Kirchenglocken den Sieg am Boyne begrüßten, wird dabei grundsätzlich verschwiegen.[51] Das endgültige Ende des Krieges wurde mit dem „Treaty of Limerick" 1691 besiegelt. Dieser Vertrag schien den Iren zwar relativ günstige Bedingungen zu gewähren, die einige Jahre später jedoch durch das englische Parlament wieder ratifiziert wurden. Im Anschluss an den verlorenen Krieg gingen ca. 11.000 Iren in die Emigration.[52]

3.3 Das 18. Jahrhundert – vom „Treaty of Limerick" bis zum „Union Act"

Die Konsolidierung der englischen Herrschaft über ganz Irland im 18. Jahrhundert wurde von der „Protestant Ascendancy" sowie durch den Kampf nach Unabhängigkeit und durch die „Penal Laws", die Strafgesetzte gegen Katholiken, geprägt. Von nun an zeigte die protestantische Oberschicht sehr deutlich, dass sie keinerlei Toleranz mehr gegenüber den Katholiken duldete.[53] Der Glaube wurde zu einem Stigma, welches die Spaltung der Gesellschaft weiter vorantrieb, zudem wurden ihnen der Zugang zu Ämtern, Einfluss und Wohlstand verwehrt.[54] Bedingt dadurch blieb Irland zwar gut einhundert Jahre vom Krieg verschont, im Gegenzug litt der überwiegende Teil der Bevölkerung aber an abgrundtiefer Armut. Materielles Niveau sowie die Bildung der katholischen Mehrheit sank unablässig.[55] Parallel dazu wurde durch die Strafgesetze gegen Katholiken, die bis zu den Reformen von 1778, 1792/93 und 1829 Bestand hatten, eine Politik der Einschüchterung betrieben.[56] Schließlich brachte der sogenannte „Absenteeism" es mit sich, dass ein stetiger Strom an Kapital aus dem Land floss, das der irischen Wirtschaft fehlte. Hinzu kam das rapide Bevölkerungswachstum und die Tatsache, dass die irische Landwirtschaft beinahe vollständig auf die Ernährung der Bevölkerung durch Kartoffeln ausgerichtet war. Diese

---

[50] Breuer, Rolf: Irland, S.63.
[51] Alioth, Martin: Irlands Krankengeschichte, S.8.
[52] Breuer, Rolf: Irland, S.65.
[53] Breuer, Rolf: Irland, S.65.
[54] Alioth, Martin: Irlands Krankengeschichte, S.8.
[55] Breuer, Rolf: Irland, S.66.
[56] Maurer, Michael: Kleine Geschichte Irlands, S.138.

Monokultur begünstigte die Ausbreitung von Krankheiten und Seuchen. Verstärkend zu diesem Aspekt kam das völlige Desinteresse des damals regierenden Hannoveranischen Königshauses hinzu, das seit 1714 mit den vier „Georges" den Thron innehatte.[57] Derweil wuchs im Dubliner Parlament eine protestantische Opposition gegen England, die sich für mehr Selbständigkeit Irlands aussprach, allerdings unter protestantischer Führung. Es ist daher kein Zufall, dass gerade eben zu diesem Zeitpunkt der protestantische und vom amerikanischen Unabhängigkeitskrieg sowie der Französischen Revolution beeinflusste Henry Grattan die politische Bühne betrat.[58] Ebenso wie der Zusammenschluss der „United Irishmen", die durch den vom Deismus seiner Zeit geprägten Theobald Wolfe Tone (1763-1798) gegründet wurde. Die Engländer begriffen nun wie gefährdet ihre Position in Irland war und dass das unabhängige irische Parlament in ihrem Sinne nicht funktioniert hatte. Daher begannen sie Pläne zu entwerfen, um Irland und Großbritannien zu einem Königreich zu vereinen. Damit sollte eine bessere Kontrolle gewährleistet sein, wodurch die ohnehin schon beschränkte staatliche, administrative und rechtliche Unabhängigkeit Irlands auf kurze Sicht abgeschafft werden konnte.[59] Kritik kam dabei fast ausschließlich aus den Reihen der irischen Presbyterianer, die den Anregungen der Aufklärung Folge leisteten.[60] Doch bis heute wird auch diese Tatsache von der protestantischer Seite verschwiegen.

3.4 Das 19. Jahrhundert als Epoche der Einheit

Das 19. Jahrhundert steht in der irischen Geschichte für den „Act of Union", den Kampf um die Katholikenemanzipation und die „Home Rule" sowie für die große Hungersnot. So beginnt das Jahrhundert mit der Annahme der Unionsakte am 7. Juni 1800, wodurch sich am 1. Januar 1801 das „United Kingdom of Great Britain and Ireland" konsolidierte[61], welches bis zum „Government of Ireland Act" 1920 Bestand haben sollte.[62]

Dies war aber auch die Zeit, in der das Problem des „Absenteeism" nach wie vor ungelöst blieb, zudem wurde zu wenig in die Wirtschaft investiert und die Lebensbedingungen der großen Mehrheit des Volkes änderten sich weiterhin zum Schlechten[63], da, wie in den „Penal Laws" verankert, die Unterdrückung der katholischen Minderheit durchaus ökonomisch motiviert war.[64] Die Frage, die die irische Politik daher bis zum Ausbruch der großen Hungersnot bewegte, war die Katholikenemanzipation. Erst 1829 wurden die Ungerechtigkeiten der Strafgesetze abgeschafft, die nach der Union des Königreiches

---

[57] Breuer, Rolf: Irland, S.66f.
[58] Stadler, Klaus: Nordirland, S.18.
[59] Breuer, Rolf: Irland, S.70.
[60] Alioth, Martin: Irlands Krankengeschichte, S.8f.
[61] Breuer, Rolf: Irland, S.71.
[62] Stadler, Klaus: Nordirland, S.23.
[63] Breuer, Rolf: Irland, S.80.
[64] Stadler, Klaus: Nordirland, S.24.

theoretisch keinen rechtlichen Boden mehr hatten. Maßgeblich daran beteiligt war der Katholik Daniel O'Connell (1775-1847), der bald schon die sofortige Rücknahme des Unionsgesetzes forderte.[65] England war alarmiert; Regierung, Unterhaus und Oberhaus waren fest entschlossen das Vereinigte Königreich nicht auseinanderbrechen zu lassen. Doch noch bevor das Problem der „Home Rule" angegangen werden konnte, erschütterte ein weitaus schlimmeres Ereignis Irland. Während der großen Hungersnot (1845/48), die besonders die katholische Bevölkerung traf und die Bevölkerungsstruktur sowie -verteilung veränderte, wurde der hauptsächlich gälische Westen entvölkert.[66]
In der zweiten Hälfte des 19. Jahrhunderts entwickelte sich ein aktiver Nationalismus, der den dominierenden Einfluss der Protestanten mithilfe verschiedener Politiker der britischen Regierung zurückgedrängte, während im Gegenzug die katholische Gesellschaft an Stärke gewann.[67] Starke soziale Spannungen und eine wachsende Gewaltbereitschaft prägten diese Zeit, in denen der liberale Premier William Gladstone, der konservative Benjamin Disreali als auch Charles Parnell der irischen Frage zunehmend offener gegenüberstanden.[68]

3.5 Von der irischen Renaissance bis 1921

Bereits zum Ende des 19. Jahrhunderts war die gälische Sprache, bedingt durch die Politik der Anglisierung, die Großbritannien kontinuierlich weiterbetrieb, nur noch ein Idiom der Unterschicht.[69] Doch mit der Bildung der „Gaelic League" und der entstehenden irisch-keltischen Renaissance, auch „Irish Literary Revival" genannt, erwachte ein neues Nationalgefühl, das sich besonders in der Sprache, Literatur und Kultur manifestierte.[70] Doch auch unter diesen Menschen befanden sich Protestanten, die unablässig an der Union zwischen Irland und dem Vereinigten Königreich festhielten, während das „keltische Zwielicht", angeführt von dem Dichter William Butler Yeats, zu einer elitären Bewegung heranwuchs, die keltische Epen schuf und eine neue Theaterkultur in Dublin entstehen ließ.[71]
Auf politischer Ebene entwickelten sich in der Zwischenzeit zwei große Fragen, die im Mittelpunkt der Auseinandersetzung irischer Politik standen, zum einen war dies der „Land War" und „The Home Rule Movement". Diese „Home Rule Bewegung" hatte sich bereits in den 1880er Jahren durch den wachsenden irischen Nationalismus und den irischen

---

[65] Breuer, Rolf: Irland, S.80ff.
[66] Breuer: a.a.O., S.86f.
[67] Stadler, Klaus: Nordirland, S.30.
[68] Breuer, Rolf: Irland, S.106.
[69] Maurer, Michael: Kleine Geschichte Irlands, S.185.
[70] Breuer, Rolf: Irland, S.119.
[71] Alioth, Martin: Irlands Krankengeschichte, S.9.

Abgeordnetenblock im britischen Unterhaus entwickelt, die mehrfach versucht hatten, Irland in die Selbstverwaltung der britischen Krone zu führen.[72]

Geprägt wurde diese Zeit aber auch durch den tragischen Sturz Charles Stewart Parnells im Jahre 1890 sowie durch seinen Tod ein Jahr später, der ein politisches Vakuum hinterließ, dass auch sein Nachfolger John Redmond nicht zu füllen vermochte. Während die Landfrage noch unter Parnell einer Lösung näher gebracht worden war, versuchten die englischen Konservativen nun den irischen Widerstand zu brechen. Man sprach von „killing Home Rule with kindness". Es bahnte sich ein politischer Konflikt an, der nur entstehen konnte, da die Torries in früheren Jahrzehnten versäumt hatten eine langsame politische Lösung herbeizuführen. Für die damalige britische Regierung wurde die Zeit jedoch wegen der weltpolitischen Probleme, die auf Großbritannien zukamen, knapp.[73]

Auch auf parteipolitischer Ebene ergaben sich Neuerungen. So erfolgte im Jahre 1905 die Gründung der Sinn Féin, die in ihren Anfängen eine britisch-irische Doppelmonarchie nach habsburgischem Vorbild vertrat. Hinzu kam, dass sich weitere nationalistische Organisationen miteinander verbanden und gegenseitig durchdrangen. Allgemein kann man davon sprechen, dass sich der Nationalismus seit Beginn des 20. Jahrhunderts massiv verändert hatte, indem seine katholischen und gälischen Elemente überhandgenommen hatten.[74]

Obwohl sich von protestantischer Seite, unter der Führung Edward Carsons, der Protest gegen die „Home Rule" verstärkte und zum gewaltsamen Widerstand erwuchs, erließ die Regierung das „Home Rule Gesetz" 1913 im Unterhaus, doch der beginnende I. Weltkrieg enthob die britische Regierung der Durchsetzung dieses Gesetzes. Beide Parteien rüsteten sich in dieser Zeit zum Endkampf, denn den irischen Nationalisten ging die gemäßigte „Home Rule" nicht weit genug, den Unionisten hingegen ging sie zu weit.[75] Während sich der radikale Flügel der Nationalisten weigerte für die Kolonialmacht in den Krieg zu ziehen, waren die Sozialisten der Meinung, nur durch den Krieg in Europa könne Irland aus der Union gelöst werden. Dieser Überlegung entsprang auch der Osteraufstand 1916, der alsbald durch die britische Regierung blutig niedergeschlagen wurde. Infolgedessen schlug die Stimmung im Volk um und ein radikaler Nationalismus[76], der tatkräftig durch politische Gruppen wie die „Sinn Féin" und ihre Nachfolgerin, die „Dail Eireann" unterstützt wurde. Nach der zweifachen Proklamation der Unabhängigkeit und einer provisorischen Verfassung durch eben diese Gruppierungen und einem unkontrollierbaren Bürgerkrieg war eine „Home Rule" in der geplanten Form nicht mehr durchsetzbar und für Ulster musste

---

[72] Alioth: a.a.O.,S.9.
[73] Breuer, Rolf: Irland, S.141f.
[74] Alioth, Martin: Irland Krankengeschichte, S.9.
[75] Breuer, Rolf: Irland, S.144.
[76] Stadler, Klaus: Nordirland, S.44.

nach einer besonderen Lösung gesucht werden.[77] Zwischen 1919 und 1921 kam es zu einem Unabhängigkeitskrieg, wobei sowohl auf Seiten der IRA als auch bei britischen Hilfstruppen auf höchstem Gewaltniveau gekämpft wurde.[78] Daher verabschiedete London im Dezember 1920 den „Government of Ireland Act".[79]

3.6 Die Zeit nach der Teilung bis zum Ausbruch der Troubles

Großbritannien hatte sich mit dem „Government of Ireland Act" von 1920 und dem Vertrag von 1921 in der irischen Frage scheinbar gut aus der Affäre gezogen. Irland war nun in zwei Teile zerfallen, in „Northern Ireland" mit sechs Grafschaften und in „Southern Ireland" mit sechsundzwanzig Grafschaften. Der unterentwickelte und unbequeme Teil Irlands musste nun zwangsläufig selbständig werden, während das wirtschaftlich erfolgreiche und mehrheitlich loyale Nordirland im Vereinten Königreich blieb. Dennoch blieb die Teilung nicht ohne Folgen.[80]

Der hauptsächlich im Süden tobende Bürgerkrieg hielt an, während parallel dazu schwere Unruhen in Nordirland ausbrachen. Und obwohl die Teilung bewirkt hatte, dass sich im Norden die Protestanten eine deutliche Zweidrittelmehrheit sicherten, kam es zu einer Reihe von restriktiven Maßnahmen gegen die minoritäre Gruppe der Katholiken, so dass man in Nordirland in der Zeit zwischen 1921 und 1968 nicht annähernd von einem gleichberechtigten Miteinander zweier Volksgruppen in einer parlamentarischen Demokratie sprechen kann, „sondern eher von einer Diktatur einer Mehrheit über eine Minderheit".[81]

Zu diesem Problem gesellte sich das der innerpolitischen Lage Nordirlands, die sich kontinuierlich seit dem I. Weltkrieg verschlechtert hatte. Ulster glitt in eine Depression, die durch die einsetzende Weltwirtschaftskrise noch verstärkt wurde. Die Arbeitslosenquote stieg beträchtlich an, zudem befürchtete die britische Regierung, dass der Amtsantritt de Valeras im Süden die Wiedervereinigung vorantreiben könne. Auch der II. Weltkrieg führte zu einer weiteren Spaltung der beiden Bevölkerungsgruppen, da beide Staaten eine gegensätzliche Politik betrieben. Der „Ireland Act" von 1949 machte noch einmal deutlich, dass unter keinen Umständen Nordirland oder auch nur ein einziger Teil von ihm aufhören würde zum Vereinten Königreich zu gehören. Infolgedessen standen die Chancen auf eine Wiedervereinigung so schlecht wie noch nie und lösten eine neue Welle von Gewalt aus,

---

[77] Stadler: a.a.O., S.46.
[78] Alioth, Martin: Irland Krankengeschichte, S.10.
[79] Stadler, Klaus: Nordirland, S.46.
[80] Stadler, Klaus: Nordirland, S.50.
[81] Zitiert nach: Kruse, Christiane: Der Nordirlandkonflikt im Focus journalistischer Schemata, S.67.

die hauptsächlich von einer abgespaltenen Organisation der IRA angetrieben wurde.[82] Im Dezember 1956 startete dann der bewaffnete Arm der IRA mit der Operation „Harvest" seine erste gewaltsame Handlung seit den massiven Auseinandersetzungen in Ulster 1922. Es folgten Bombenattentate und Mordanschläge auf Polizisten, was dazu führte, dass die Regierung 1957, die bereits erprobte Internierung wieder einsetzte, dennoch verübte die IRA weitere schwere Anschläge. Sogar der südirische Premier Sean Lemass ging daher 1961 mit Militär gegen die IRA vor und Brooke drohte sogar mit der Todesstrafe für IRA-Angehörige. Nur ein Jahr später stellte die IRA ihre Kampagne ein, die das Leben von sechs Polizisten und zwölf militanten Republikanern gefordert hatte.[83]

Genau in dieser Zeit stieg abermals die Arbeitslosenquote an, weshalb das Kabinett Brooke im März 1963 zum Rücktritt zwang, sein Nachfolger wurde der liberale Terence O'Neill[84], der durch seine Politik der Mäßigung Erwartungen und Ängste auf beiden Seiten der Bevölkerung weckte, die schließlich im Ausbruch der Eskalation von 1968 gipfelten.

---

[82] Otto, Frank: Der Nordirlandkonflikt. Ursprung, Verlauf, Perspektiven, Beck'sche Reihe, Verlag, C.H. Beck, München 2005, S.76f.
[83] Otto, Frank: Der Nordirlandkonflikt, S.81f.
[84] Otto: a.a.O., S.83f.

4. URSACHENANALYSE DER ESKALATION VON 1968 BIS 1972

Im historischen Überblick wurde deutlich, dass das anglo-irische Verhältnis von jeher durch Konflikte und gewalttätige Auseinandersetzungen geprägt wurde. Waren es anfänglich „nur" die Kämpfe anglo-normannischer Adliger um die Einverleibung und Kolonialisierung Irlands, so zeichneten sich ab dem 13. Jahrhundert die kirchlichen Institutionen als ein weiterer Konfliktherd ab. Als folgenschwer erwies sich alsdann die Gründung der Anglikanischen Kirche durch Heinrich VIII., infolgedessen die gälischen Barbaren missioniert wurden. Von diesem Zeitpunkt an wurde das Spiel mit den konfessionellen Gegensätzen zum allgemeinen Mittel der Interessenwahrung der herrschenden Oberschicht[85], denn dabei ging es vordergründig nicht um den Glauben, sondern vielmehr um die politische Disziplinierung der Einheimischen. Unterstützt durch zahlreiche diskriminierende Gesetze wie die „Penal Laws" trieb die britische Regierung die Spaltung der Gesellschaft auf ethnischer, religiöser und politischer Ebene voran und nahm dabei die unsagbare Armut der Mehrheit der Bevölkerung billigend in Kauf. Erst mit Anbeginn des 20. Jahrhunderts und der Teilung Irlands schien sich die angespannte wie auch konfliktreiche Situation zu beruhigen, da der überwiegend katholische Süden vom überwiegend protestantischen Norden getrennt wurde. Dieser lehnte sich nun stärker als je zuvor an das britische Mutterland an und konnte sich auf seiner vergleichsweise starken wirtschaftlichen Stellung ausruhen, während sich der Süden seine heutige gesicherte Existenz erst hart erarbeiten musste. Die scheinbare Lösung der irischen Frage war jedoch trügerisch, denn die durchweg protestantische Regierung Nordirlands sah die Gefahr einer möglichen Wiedervereinigung noch nicht gebannt und betrieb daher eine Politik der Diskriminierung gegenüber der katholischen Minderheit.

Mit Amtsantritt des nordirischen Premiers Terence O'Neill im Jahre 1963 hatte es den Anschein, als würde sich nicht nur das Verhältnis zwischen den Regierungen bessern, sondern auch die Lage der katholischen Iren. Sowohl Nordirland als auch die Republik hatten mit vergleichbaren Wirtschaftsproblemen zu kämpfen und waren daher an einer intensiveren wirtschaftlichen Zusammenarbeit interessiert. Infolgedessen waren der irische Premier Sean Lemass und sein nordirischer Kollege Terence O'Neill bereit Gespräche zu führen, Reformen zu erlassen und Nordirland als staatliche Einheit anzuerkennen. Die Zeichen eines Friedens standen noch nie so günstig wie zu diesem Zeitpunkt, umso erstaunlicher ist es für viele Außenstehende, dass gerade in diesem Augenblick der Konflikt mit einer nie zuvor gekannten Härte eskalierte.[86] Dies rührte mitunter daher, wie ein Blick

---

[85] Stadler, Klaus: Nordirland, S.5.
[86] Rapp, Michael: Nordirland am Scheideweg, S.21f.

auf die Ursachenforschung zeigt, dass die Protestanten auch mehr als vierzig Jahre nach der Teilung Irlands einen Machtverlust fürchteten. Auf Grund dessen besaß für sie die Sicherung ihrer Privilegien und ihrer Macht, für die sie bereits seit dem Mittelalter kämpften, oberste Priorität. Erfolgen konnte dies ihrer Meinung nach nur auf dem Wege der bereits erfolgreich angewendeten Diskriminierung, die derart ausgeprägt war, dass sie alle Bereiche des Lebens tangierte. Allein der Gedanke an eine Annäherung beider irischer Staaten auf wirtschaftlicher Ebene schürte die Angst der protestantischen Unionisten, ihre Vorherrschaft einbüßen zu müssen und damit die wirtschaftliche, soziale und politische Machtstellung zu verlieren.[87] Die neue Politik der Mäßigung führte zudem dazu, dass die Rechte und Forderungen der bisher planmäßig unterdrückten und lediglich geduldeten Katholiken gestärkt wurden. Diese erhofften sich wiederum weitere Zugeständnisse, weshalb es zur Bildung von Bürgerrechtsbewegungen wie der NICRA kam, die für katholische Belange öffentlich eintraten. Die Befürchtungen einer möglichen Wiedervereinigung waren aus Sicht der Unionisten sicherlich nicht unbegründet. Aus dieser Angst heraus beschlossen sie gegen die Forderungen der Nationalisten vorzugehen und schreckten dabei auch nicht vor brutaler Gewalt zurück. Doch die politische Situation des Jahres 1968 war nicht der Hauptfaktor der Eskalation. Seine Wurzeln liegen weit in der Vergangenheit. Sie hatten sich über Jahrhunderte hinweg angestaut und kamen nun, durch die liberale Politik O'Neills, in ihrer gesamten Tragik zum Vorschein. Dabei lässt sich allerdings nicht mit Bestimmtheit eine Hauptursache benennen, vielmehr greifen verschiedene ineinander und werden durch die 840-jährige Konfliktphase untrennbar miteinander verwoben.

4.1 Das Problem der „doppelten Minderheit"

Einer der Faktoren für die Eskalation des Nordirlandkonfliktes in der Zeit zwischen 1968 und 1972 ist das Problem der „doppelten Minderheit". Dieses Denkmodell wurde bereits zu Beginn der „Troubles" im Jahre 1971 von dem englischen Journalisten Harold JACKSON entwickelt und ist das einzige, welches beide Bevölkerungsteile berücksichtigt. Es erweckt dabei sogar den Anschein, dass sich einzig und allein in ihm die Situation in Nordirland korrekt widerspiegelt,[88] daher soll es hier auch an erster Stelle genannt und näher beleuchtet werden.

Entstehen konnte die Situation demnach nur durch die im Jahre 1920/21 erfolgte Teilung, durch die sich Nordirland zu einer eigenständigen Einheit entwickelte, die äußerst autonom vom Parlament in Westminster ihre Politik betrieb. Bedingt wurde diese Tatsache wiederum

---

[87] Rapp: a.a.O., S.23.
[88] Rapp, Michael: Nordirland am Scheideweg, S.27f.

dadurch, dass Großbritannien nicht bereit war, die sich mehrheitlich britisch fühlende Minderheit im Norden Irlands dazu zu zwingen, sich zusammen mit der gälischen Mehrheit der Autorität eines gemeinsamen irischen Parlaments unterzuordnen.[89]

Die staatliche Selbständigkeit Irlands hätte für den protestantischen Teil der Bevölkerung nämlich nicht nur einen sicheren Machtverlust bedeutet, viel gravierender wäre die Tatsache gewesen zu einer Minderheit von circa einer Millionen Protestanten unter vier Millionen Katholiken zu werden. Gezwungen durch den Druck der britischen Öffentlichkeit musste die britische Regierung bei allen politischen Entscheidungen Rücksicht auf die Protestanten Nordirlands nehmen.[90] Großbritannien befand sich daraufhin in einer schier ausweglosen Situation. Die bestmöglichste Lösung sah Westminster daher in der Teilung Irlands, die im „Goverment of Ireland Act" bestätigt wurde. Bedingt dadurch war es der ehemals minotären Gruppe der Ulster-Protestanten im Norden möglich sich als Mehrheit zu etablieren. Im Gegenzug wurde aus dem geringeren Anteil an Iren die katholische Minderheit.[91] Ermöglicht wurde dies dadurch, dass von den ehemals neun Provinzen Ulsters lediglich sechs zur Bildung des Staates Nordirland herangezogen wurden. Die drei hauptsächlich katholischen Grafschaften Donogae, Cavan und Monaghan fielen dem katholischen Süden zu.[92] Dies war der erste Schritt zur protestantischen Herrschaftssicherung im Norden. Auf die ungeteilte Insel betrachtet, sahen sich die Katholiken allerdings als Mehrheit, auf das unabhängige Nordirland gesehen, bildeten die britischen Protestanten die Mehrheit. Aus dieser Perspektive waren beide Bevölkerungsteile mit ihrem Anspruch die Mehrheit darzustellen im Recht. Während sich die Unionisten weitestgehend mit diesem neuen Status quo zufrieden gaben, fühlten sich insbesondere die Nationalisten Nordirlands doppelt bestraft, denn zum einen waren sie gegen ihren Willen zwangsintegriert und zur Minderheit degradiert worden, zum anderen hatten sie sich immer gegen eine Teilung der Insel ausgesprochen. Doch die Entscheidung, die eigentlich erst einmal provisorischer Natur sein sollte, brachte es mit sich, dass in Ulster nun eine katholische Minderheit von ca. 35% einer protestantischen Mehrheit von ca. 65% gegenüberstand, während im Süden 95% Katholiken und nur 5% Protestanten lebten.[93] Bei einer Wiedervereinigung Nordirlands mit dem Süden hätte der Anteil der Protestanten an der Gesamtbevölkerung nur 25% betragen.[94] In dieser Hinsicht ist die Furcht der Protestanten vor einem neuerlichen Zusammenschluss beinahe verständlich. Beide Konfliktgruppen

---

[89] Hermle, Reinhard: Der Konflikt in Nordirland, Ursachen, Ausbruch und Entwicklung unter besonderer Gewalt, Entwicklung und Frieden, wissenschaftliche reihe 19 hrsg. Von der Wissenschaftlichen Kommission des Katholischen Arbeitskreises Entwicklung und Frieden, Kaiser Verlag, München 1979, S.60.
[90] Breuer, Rolf: Irland, S.142.
[91] Hermle, Reinhard: Der Konflikt in Nordirland, S.60.
[92] Kruse, Christiane: Der Nordirlandkonflikt im Focus journalistischer Schemata, S.67.
[93] Hermle, Reinhard: Der Konflikt in Nordirland, S.60f.
[94] Rapp, Michael: Nordirland am Scheideweg, S.28.

sahen sich aus diesem Grund als „siege mentality", als sogenannte belagerte Minderheit und nutzten dies aus, um ihre Belange zu rechtfertigen. Besonders die von den Protestanten betriebene Politik der Diskriminierung wurde damit gerechtfertigt. Begründet wurde dies unter anderem mit der Gefahr, Privilegien zu verlieren. Dabei war die Befürchtung zu einer numerischen Minderheit zu werden unbegründet, da trotz relativ hoher Geburtenraten die Zahl der Katholiken in Nordirland nur geringfügig zunahm. Bedingt wurde dieser Umstand auch durch die katastrophalen Lebensbedingungen der Katholiken und die damit in Verbindung stehende Emigration. Insgesamt wuchs der katholische Bevölkerungsanteil zwischen 1961 und 1971 auf 36,8% an. Hochrechnungen zufolge hätte frühestens im Jahre 2020 eine katholische Mehrheit in Nordirland existieren können.[95] Der „Cameron Report" sah diese Gefahr jedoch nicht.

Abschließend lässt sich sagen, dass man das Problem der doppelten Minderheit möglicherweise hätte verhindern können, wenn die britische Durchdringung Irlands von Anfang an planmäßiger erfolgt wäre. Das Denkmodell zeigt aber auch, dass es sich in erster Linie nicht um einen religiösen Konflikt handelt, sondern vielmehr um einen ethnischen, der durch die Eroberungspolitik des Mittelalters bedingt wurde.

4.2 Das politische System als Faktor der Eskalation

Wie bereits angemerkt, wird der Nordirlandkonflikt hauptsächlich als ein Religionskrieg bezeichnet. Doch wie im historischen Rückblick erläutert, stand am Anfang dieser 840-jährigen Auseinandersetzung die Eroberungspolitik des Hauses Tudor, das bis ins 15. Jahrhundert vielmehr eine Politik der Kolonialisierung und ethnischen Spaltung betrieb, als eine der religiösen Gegensätze. Unterstützt wurde dieser Machtanspruch letztlich durch Gesetze wie die „Statutes of Kilkeny" von 1366. Hiermit versuchte England eine Assimilierung seiner Untertanen mit den irischen Barbaren zu verhindern. Unter den Tudorkönigen wandelte sich daher die anfänglich zaghafte Einmischung anglo-normannischer Adliger in eine aktive Kolonialpolitik.[96] Infolgedessen erweist sich der Konflikt nur vordergründig als einer der konfessionellen Unterschiede. Er wandelte sich erst nachdem sich der Kampf der externen Mächte, sprich zwischen der gälischen Bevölkerung und der britischen Kolonialmacht, durch eine zunehmende Integration beruhigte hatte, zu einer „internen" Konkurrenz der Protestanten gegen die Katholiken um die Zugehörigkeit zu diesem Machtbereich. In diesem Zusammenhang versuchten die Protestanten, deren Wurzeln in Großbritannien lagen, die Zugehörigkeit zu ihrem Mutterland zu wahren, während die Katholiken die Zwangsintegration durch die protestantische

---

[95] Rapp, Michael: Nordirland am Scheideweg, S.23f.
[96] Stadler, Klaus: Nordirland, S.4.

Bevölkerung zu verhindern suchten.[97] Auch wenn der religiöse Aspekt schnell zu einem Kriterium der Stigmatisierung wurde, so waren doch anfangs andere Beweggründe, wie die Kolonialisierung und Landgewinnung, vorherrschend. Manfred BREUER spricht in diesem Zusammenhang davon, dass die Konfessionszugehörigkeit in erster Linie der Unterscheidung und Identifikation mit einer bestimmten Bevölkerungsgruppe diente, die sich politisch, wirtschaftlich und auch sozial getrennt entwickelten und lebten.[98] Bedingt wird diese getrennte Entwicklung hauptsächlich durch den Anspruch der einen Gruppe sich als Herrschermentalität aufzuführen sowie ihre Hegemonialstellung weiter auszubauen. Dieser Machtanspruch wurde hauptsächlich durch politische Strategien ausgebaut und gesichert. Wie erläutert, begann dieser mit den Eroberungszügen anglo-normannischer Adliger unter Heinrich II. (1154-1189). Schon in den ersten Jahren nach der Eroberung, die mit Genehmigung des Papstes zur Befriedung Irlands führen sollte, siedelten sich nicht nur Engländer an, sondern Heinrich verstand es auch Irland zu einer Lordschaft seines Reiches zu machen, um somit in jeglicher Hinsicht auf alle Bereiche Einfluss auszuüben. In dauerhafte staatliche Abhängigkeit geriet Irland dann unter Heinrich VII., denn er wollte die Herrschaft des Earl of Kildare brechen. Damit konnte er nicht nur endgültig die steuerlichen Einnahmen der Iren an die englische Krone sichern, sein Hauptinteresse galt in erster Linie einer dauerhaften Besetzung durch feindliche Großmächte wie Spanien und Frankreich entgegen zu wirken, denen Irland als Aufmarschbasis für eine Invasion auf England gedient hätte.[99] Bereits an dieser Stelle wird deutlich, dass neben dem wirtschaftlichen Aspekt gerade die Verteidigungspolitik ein äußerst wichtiger Beweggrund der britischen Irlandpolitik war. Klaus STADLER sieht diese Aussage unter anderem durch die zahlreichen Versuche Spaniens wie auch Frankreichs in Irland Fuß zu fassen, zuletzt aber durch die Neutralität der Republik im II. Weltkrieg bestätigt.[100] Dietrich SCHULZE-MARMELING konstatiert weiter, dass für London bis heute „sicherheitspolitische" Motive ausschlaggebend für das Festhalten am irischen Norden sind. Seiner Meinung nach betrachtet England seine Nachbarinsel immer noch als potentielle Basis für feindlich gesonnene Kräfte, die entweder eine Eroberung Großbritanniens im Sinn haben oder aber den Aktionsradius der britischen Seemacht einschränken wollen. Aus diesem Grund stellte sich für die britische Regierung auch nie die Frage nach einem neutralen irischen Einheitsstaat, denn ein Staat, der seine Außenpolitik selbst bestimmt und daher

---

[97] Breuer, Manfred: Nordirland, S.27.
[98] Breuer: a.a.O., S.27.
[99] Stadler, Klaus: Nordirland, S.4.
[100] Stadler: a.a.O., S.4.

möglicherweise Beziehungen zu anderen Staaten aufbaut, die in Großbritannien als feindlich angesehen werden, widerspricht der britischen „Sicherheitslogik".[101]

Hatten die anglo-normannischen Adligen im Mittelalter ihr eigenes Parlament eingerichtet, welches durch den Erlass des „Poynings' Law" von 1495 massiven Einschränkungen unterlag und dem „King Parliament" unterstellt war, so bezog Heinrich VIII. Irland nun komplett in den englischen Staatsbildungsprozess ein, indem er 1535 den Einfluss der Grafen von Kildare endgültig beendete, die bisherige anglo-irische Führungsschicht sowie die von einem stehenden Heer geschützte englische Beamtenschaft ablöste und von nun an eine Politik der Zentralisierung und Anglisierung verfolgte.[102] Die Drogheda, das anglo-irische Parlament, bestimmte daher, dass von nun an in ganz Irland englisches Recht gelten sollte. Dadurch war es dem irischen Parlament nur mit Einverständnis des englischen Königs erlaubt zu tagen sowie Gesetzesvorschläge zu beraten, die durch die „Poynings Laws" genehmigt worden waren.[103] Es zeigt sich also, dass die gälische Bevölkerung durch die vom Hause Tudor durchgeführte Kolonialpolitik bereits beträchtlich in ihrer eigenen politischen Einflussnahme behindert wurde. Von nun an nahm die politische Diskriminierung ihren Lauf, die oftmals eng mit der konfessionellen einherging, die nämlich zur politischen Disziplinierung dienen sollte.

Durch die im 17. und 18. Jahrhundert erfolgende „Plantation of Ulster" konnte das englische Königshaus seinen Machteinfluss weiter ausbauen. Zugute kam ihm dabei die nach der „Glorious Revolution" erlassenen „Penal Laws", durch die die Unterdrückung der katholischen Iren im politischen, religiösen, wirtschaftlichen und kulturellen Bereich weiter vorangetrieben wurde. Im Zuge der „Plantation" wurde die überwiegend bäuerliche gälische Bevölkerung ihrer Ländereien enteignet und den englischen „landlords" übergeben, die sich aus politischer Strategie heraus wiederum dazu verpflichteten nur Engländer auf ihren Besitzungen anzusiedeln. Dadurch sicherte sich Großbritannien einen Zuwachs an britischstämmigen Iren, die den Anteil der gälischen Bevölkerung zurückdrängen sollten. Ebenso konnte dadurch die herrschende Oberschicht sowie die britischen Interessen gestärkt und im Gegenzug die irischen weiter geschwächt werden. Die Stuarts schafften es durch die „Plantation", die bis dato intakte gälische Struktur Ulsters aufzulösen. Nach der „Flight of the Earls" konnte England die bereits von Heinrich VIII. begonnene Anglisierung radikal vorantreiben. Als Schlüsseldatum des internen Konkurrenzkampfes und der damit im Zusammenhang stehenden politischen Spaltung muss daher definitiv die „Plantation of Ulster" angesehen werden. Um jedoch die Vormachtstellung wahren zu können, begannen

---

[101] Schulze-Marmeling, Dietrich: Die gescheiterte Modernisierung. Britische Nordirlandpolitik in den 70er und 80er Jahren, Wurf Verlag, Münster 1986, S.196f.
[102] Beckett, James: Geschichte Irlands, S.46f.
[103] Beck, Rudolf: Handbuch der britischen Kulturgeschichte. Daten, Fakten, Hintergründe von der römischen Eroberung bis zur Gegenwart, Wilhelm Fink Verlag, Paderborn 2006, S.342f.

die britischen Siedler die Ureinwohner zusätzlich durch politische Maßnahmen zu unterdrücken. Viele ehemals irische Besitztümer wurden englischen oder schottischen Unternehmen übergeben. Auch die Enteignung der Ländereien wurde vorangetrieben, durch die die Iren jegliche Machtbasis verloren.[104] Ebenso wurde die Besetzung administrativer Stellen ausschließlich in die Hände der englischen Oberschicht gelegt. Von nun an unterlagen sechs der neun Grafschaften Ulsters Armagh, Cavan, Colerain (seit 1610 Londonderry), Down, Fermanagh und Tyrone voll und ganz der englischen Herrschaft.[105] Ab 1691 wurde die Unterdrückung der Ureinwohner zusätzlich durch die „Penal Laws" verstärkt, die sowohl als ein politischer wie auch als ein konfessioneller Aspekt des gesamten Konfliktgeschehens angesehen werden können. Da sie jedoch unübersehbare politische Konsequenzen für die Katholiken mit sich brachten, sollen sie nachfolgend kurz erläutert werden. Die „Penal Laws" wurden in zwei Gruppen gegliedert, wobei die zweite in diesem Zusammenhang von Bedeutung ist. Sie bezog sich nämlich auf den politischen Einfluss der katholischen Iren. Zwar hatte man davon abgelassen die Iren durch Missionsarbeit von ihrem Glauben abzubringen, Voraussetzung dafür war allerdings, dass die politische Macht in den Händen der Protestanten blieb.[106] Der „Protestant Ascendancy" war es dadurch möglich sowohl das Zentrum Dublins zu dominieren, das somit zu einem Abbild Londons wurde, als auch das Gebiet der früheren „Pale", Leinsters und Munsters.[107] Zugleich wurden die Katholiken in ihren Rechten weiter eingeschränkt, da sich ihre besitzenden Flächen durch das Verbot des Landkaufs und einem den Protestanten zuarbeitenden Erbrecht von 14% im Jahre 1691 auf nur noch 5% 1778 verkleinerten.[108] Doch mit dem Besitz von Ackerland war das politische Stimmrecht verbunden. Bedingt also durch den geringen Anteil an besitzenden Katholiken konnten sich diese auch nicht aktiv an der Politik beteiligen.

Ebenso verhinderten die „Penal Laws" eine schnelle Lösung des „Absenteeism", da wie in ihnen verankert, die Unterdrückung der katholischen Minderheit durchaus ökonomisch motiviert war. Von ihr profitierten nämlich nicht nur die „landlords", sondern auch die protestantische Mittelschicht sowie Großbritannien, das während der Zeit der Industrialisierung ebenso wie Ulster auf das Potential billiger irischer Arbeitskräfte zurückgreifen konnte. Dadurch wurde die ohnehin schon schwächelnde Industrie des Südens durch die britische Konkurrenz vernichtet.[109] Erst im Zuge der innen- und außenpolitischen Probleme Großbritanniens gegen Ende des 18. Jahrhunderts infolge des

---

[104] Beckett, James: Geschichte Irlands, S.82.
[105] Breuer, Rolf: Irland, S.61.
[106] Breuer: a.a.O., S.65.
[107] Maurer, Michael: Kleine Geschichte Irlands, S.137.
[108] Stadler, Klaus: Nordirland, S.16.
[109] Stadler: a.a.O., S.24.

Unabhängigkeitskrieges der USA lockerte sich das Verhältnis zu Irland. 1782 wurde den Iren daher ein unabhängiges Parlament zugestanden, dass bereits 1783 durch die „Rennunciation Laws" von den „Poynings Laws" weitgehend befreit wurde. Rechtlich war Irland nun ein eigener Staat, faktisch ernannte aber der britische König die hauptsächlich aus Anglikanern britischer Herkunft bestehende „irische" Regierung.[110] Bereits hier wird ersichtlich, dass die Briten ihren Machteinfluss bis ins Detail geplant hatten. Unter dem Deckmantel einer autonomen Regierung hielt die hauptsächlich britisch stämmige Oberschicht die Fäden in der Hand. Wenn schon eine Missionierung durch die anglikanische Kirche, aufgrund des weitaus stärkeren und in der irischen Tradition verwurzelten Einflusses der katholischen Priester nicht fruchtete, so versuchte Großbritannien doch wenigstens die politischen Geschicke des einverleibten Territoriums zu lenken, um somit seine Hegemonialstellung nicht einbüßen zu müssen. Denn immer noch hatte Westminster den Einfluss der Französischen Revolution, der katholischen Franzosen und das revolutionäre Gedankengut zu fürchten.

Insbesondere im „Act of Union" aus dem Jahre 1800 zeigt sich, wie sehr Großbritannien die Geschicke Irlands leitete. Durch die beschlossene Zugehörigkeit Irlands zum Vereinten Königreich verlor das ehemals in Dublin sitzende Parlament jeglichen Einfluss und mit ihm einen Großteil der wohlhabenden protestantischen Einwohner. Weitere negative Konsequenzen dieser Zwangsvereinigung waren für Großbritannien der nun hohe Anteil irischer Vertreter im Londoner Unterhaus, der von nun an einen beträchtlichen politischen Einfluss ausüben konnte. Hinzu kamen die neun Millionen katholischen Bürger, denen nicht nur politische Rechte, sondern auch angemessene Bildungsmöglichkeiten verweigert blieben. Mit diesem „Act of Union" sollte die „irische Frage" zu einem Dauerthema der britischen Politik in der viktorianischen Zeit werden.[111] Denn „Land War" und „Home Rule" bestimmten von nun an die Zeit bis zur Teilung. Beide Aspekte waren eng miteinander verbunden, da der Krieg gegen die fremden „landlords" logischerweise das Streben nach nationaler Selbständigkeit beinhaltete. Als tragisch erwies sich in diesem Zusammenhang der Ausstieg und Tod Parnells; versuchte doch die konservative Regierung daraufhin den irischen Widerstand durch „killing Home Rule with kindness" zu brechen. Im Jahre 1891 wurde daher der „Congested Districts' Board", eine Verwaltungsbehörde, die sich um die zurückgebliebenen und ärmlichen gälischen Teile der Insel kümmerte, gegründet. Ab 1903 regelte dann die konservative Regierung endgültig die Landfrage. Die Konsequenzen waren unmittelbar: Bis 1909 erfolgten 270.000 Landkäufe und nur ein

---

[110] Beck, Rudolf: Handbuch der britischen Kulturgeschichte, S.342f.
[111] Beck, Rudlof: Handbuch der britischen Kulturgeschichte, S.343.

Jahrzehnt später war das Problem des „landlordism" eine Sache der Vergangenheit.[112] Bedingt wurde dies jedoch alles nur durch die Bemühungen um eine Katholikenemanzipation, die erstmals 1829 mit dem Einzug des katholischen Daniel O'Connell ins Unterhaus Erfolge zeigte.[113]

Doch bereits 1858 begann eine neue Epoche des Kampfes gegen die britische Dominanz, nämlich mit der Gründung der „Irish Republican Brotherhood", die ab 1873 durch die „Home-Rule"-Bewegung auch politische Verstärkung erfuhr. Denn noch immer war die Frage um die „Home Rule" ungelöst, da die Anhänger der Union um ihre staatliche Selbständigkeit fürchteten. Die Loslösung Irlands von der Union und eine staatliche Eigenverwaltung der gesamten Insel hätten die Protestanten unter der Mehrheit der katholischen Iren zu einer Minderheit werden lassen. Dies galt es mit allen Mitteln zu verhindern. Auch wenn ihre Vorväter zweifellos als Kolonisten und Eroberer ins Land gekommen waren, so bewohnten sie dieses Land seit zweihundert oder dreihundert Jahren und sträubten sich gegen den Verlust ihrer Privilegien. Bis zum Ausbruch des I. Weltkrieges entstanden daher zahlreiche katholisch-patriotische Bewegungen, denen das Nationalwohl der Iren zugrunde lag und die die „Home Rule" durchsetzen wollten. Besonders der liberale britische Premier Gladstone (1809-1898) hatte sich im Londoner Parlament für eine großzügigere Irlandpolitik eingesetzt. 1912 verabschiedete das Unterhaus daraufhin das „Home-Rule"-Gesetz, doch wurde es erst zwei Jahre später vom britischen König unterzeichnet und sein Inkrafttreten bis zur Beendigung des I. Weltkrieges ausgesetzt.[114] Es zeigt sich also, dass es den Iren kaum möglich war, politischen Einfluss zu nehmen, da von Großbritannien aus die Geschicke der Insel geleitet wurden. Man kann daher davon sprechen, dass sich der politische Konflikt seit Anbeginn der Kolonialisierung entwickelte. Auch wurde ersichtlich, dass im Anfangsstadium die Religiosität, die oft als Hauptfaktor genannt wird, nur eine geringe Rolle spielte.

Nach der Teilung Irlands im Jahre 1920/21, die anfangs als vorübergehende Lösung angedacht war, hätte sich die Situation eigentlich entspannen müssen, da nun der überwiegende Teil der ehemals gälischen Bevölkerung von dem der ehemaligen britischen Siedler getrennt wurde. Dem war aber nicht so. Gerade in dieser Zeit nahm die politische Diskriminierung derartig zu, dass ein Konflikt nicht zu verhindern war. Denn in der Ulster-Provinz, die bald schon Sonderrechte im Vereinten Königreich genoss und somit eine größere Autonomie besaß als Schottland[115], lebte noch ein Teil der katholischen Iren, die mit ihrer Lage als Minderheit in einem überwiegend britisch-protestantischen Staat nicht

---
[112] Breuer, Rolf: Irland, S.141f.
[113] Maurer, Michael: Kleine Geschichte Irlands, S.203ff.
[114] Beck, Rudolf: Handbuch der britischen Kulturgeschichte, S.344f.
[115] Hartmann, Jürgen: Westliche Regierungssysteme. Parlamentarismus, präsidentielles und semi-päsidentielles Regierungssystem, 2. Auflage, Grundwissen Politik Bd. 29, VS Verlag für Sozialwissenschaften, Wiesbaden 2005, S.82.

glücklich waren. Hinzu kam, dass eben diese britischen Siedler immer noch um ihre Hegemonie fürchteten und daher besonders aus politischer Sicht versuchten jeglichen Machteinfluss der katholischen Nationalisten im Keim zu ersticken. Dies funktionierte am besten durch die politische Diskriminierung. Dabei sollte der „Government of Ireland Act" von 1920 eigentlich nur als Grundgerüst für eine vorübergehend geteilte Irlandpolitik dienen. Dafür wurde in beiden Teilen ein staatliches Provisorium mit eingeschränkter Souveränität geplant, während ein gemeinsames Gremium, das „Council of Ireland", für beide Staaten zuständig sein sollte. Dieses Gesetz trat allerdings nur im Norden ein, wo es zum Grundstein für eine neue und bis heute einzigartige Form regionaler Organisation innerhalb des Vereinigten Königreichs, dem „devolved government" wurde. Faktisch gehörte Nordirland zwar zum britischen Empire, besaß aber eine eigene, dezentrale Regierung.[116] Bedingt dadurch ergab sich, dass Nordirland lange Zeit für die britische Regierung kein wichtiges Thema im Parlament war, da das nordirische Parlament in Stormont, aufgrund seiner eigenständigen, dezentralen Stellung auch immer darauf bestanden hatte, dass Nordirland in der Gesetzgebung für innere Angelegenheiten souverän sei - Westminster hielt sich daran. Dies führte dazu, dass der Teil des britischen Ministeriums, welcher für Nordirland zuständig war, einen sehr geringen Überblick sowie Einfluss auf die Vorgänge in der nordirischen Regierung hatte.[117] Stormont nutzte dies für sich, um Gesetze zu initiieren, die erheblich vom britischen Standard abwichen, wie beispielsweise die politischen Grundrechte, persönliche Freiheiten, die Rechtsprechung und Sozialleistungen.[118] Jegliche Versuche von Seiten Großbritanniens dies zu ändern, wurden von den unionistischen Mitgliedern des Hauses sowie vom „Speaker" abgeblockt, konstatierte der ehemalige britische Innenminister James Callaghan. Dadurch herrschte zwischen der britischen und der nordirischen Regierung lange Zeit kein besonders gutes Verhältnis. Erst nach dem II. Weltkrieg schien es kurzzeitig so, als würde man sich auf politischer Ebene annähern.[119] Dabei muss aber angemerkt werden, dass Westminster nach der vollzogenen Trennung kein sonderliches Interesse mehr an den Vorgängen in Nordirland zeigte. Außerdem wurden Nordirland nur insgesamt 12 Plätze im Parlament gewährt. Dies führte zu einer repräsentativen Isolierung.[120] Dieser Vorteil eine so gut wie unbeobachtete Innenpolitik betreiben zu können, ließ Nordirland zu einer Pseudodemokratie erwachsen, da es unter dem Deckmantel der parlamentarischen Demokratie Großbritanniens eine Innenpolitik betreiben konnte, die es ermöglichte die

---

[116] Breuer, Manfred: Nordirland, S.17.
[117] Stadler, Klaus: Nordirland, S.97.
[118] Raatz, Hans: Der Nordirland-Konflikt und die britische Nordirland-Politik seit 1968, S.44.
[119] Stadler, Klaus: Nordirland, S.97.
[120] Raatz, Hans: Der Nordirland-Konflikt und die britische Nordirland-Politik seit 1968, S.45.

katholische Minderheit systematisch zu unterdrücken.[121] Zudem konnte sich der neue Staat ohne Aufsicht zu einem „Einparteienstaat" entwickeln, wodurch es den Unionisten bzw. der „Unionist Party" über 50 Jahre möglich war, die nordirische Politik in ausnahmslos allen Bereichen zu beherrschen.[122]

Seit den Ereignissen von Derry, am 05. Oktober 1968 und deren weltweiter Publizität musste sich Großbritannien zwangsweise mit der nordirischen Innenpolitik auseinandersetzen. Die Labour-Regierung verlangte erstmals schnelle Reformen und erkannte parallel dazu die Berechtigung der Bürgerrechtsbewegung an. Im Verlauf der Troubles sah sich die britische Regierung sogar gezwungen massiv durch die Entsendung von britischen Truppen in das Geschehen einzugreifen und erhöhte in diesem Zuge durch die „Downing Street Declaration" vom 19. August 1969 den Druck auf das nordirische Parlament.[123]

Ein weiterer wichtiger Faktor für den Ausbruch der gewaltsamen Auseinandersetzungen war das ganz auf Diskriminierung ausgerichtete politische System Nordirlands. Das nordirische Parlament Stormont bestand aus zwei Kammern, dem Unterhaus (Commons) und dem Senat (Senate). Die 52 Abgeordneten des Unterhauses, allesamt britischer Abstammung, wurden seit 1929 über die Mehrheitswahl ernannt, während der Senat neben zwei Ex-officio-Mitgliedern, dem Oberbürgermeister von Belfast und dem Bürgermeister von Londonderry, 24 über das Verhältniswahlrecht gewählte Mitglieder besaß. Die Zuständigkeiten der beiden Kammern waren dabei weitgehend nach dem Vorbild Westminster verteilt. Die eigentliche Gesetzgebungskompetenz lag beim Unterhaus, wohingegen der Senat bestimmte Gesetze zwar verzögern, nicht aber verhindern konnte. Bezüglich der Zuständigkeitsverteilung zwischen Westminster und Stormont muss klar zwischen Theorie und Praxis unterschieden werden: formal blieb die oberste Gewalt über nordirische Angelegenheiten in Westminster und diese konnte in keiner Weise durch Organe regionaler Selbstverwaltung eingeschränkt werden; in der Rechtswirklichkeit jedoch wurde bereits 1922 eine Konvention etabliert, nach der es einem Abgeordneten in Westminster so gut wie unmöglich war, Angelegenheiten auf die Tagesordnung zu bringen, die die direkte Zuständigkeit eines Stormonts-Ministers berührten, während die Minister in Westminster ihre Verantwortlichkeit für Nordirland im wesentlichen auf die klassischen Aufgaben einer obersten Gebietskörperschaft beschränkt sahen, das heißt auf Verteidigung, Außenhandel, Zölle und oberste Jurisdiktion.

Vor diesem Hintergrund ist auch die relative Zufriedenheit der nordirischen Protestanten mit dem damaligen Status quo zu verstehen, der *„nearer to dominion status than to simple*

---
[121] Stadler, Klaus: Nordirland, S.96f.
[122] Stadler, Klaus: Nordirland, S.112.
[123] Stadler: a.a.O., S.98.

devolution"[124] war.[125] In diesem relativ autonomen politischen System sah sich allerdings ein Drittel der nordirischen Bevölkerung als zwangsweise integriert und war daher weder bereit die Institutionen noch die politische Führung anzuerkennen, während die übrigen zwei Drittel, die Protestanten, die eine Zugehörigkeit zum Empire gefordert und auch bekommen hatten, voll und ganz hinter der Verfassung, den dazugehörigen Institutionen und der Regierung in Stormont standen. Sie hatten sich die Verteidigung ihres „Protestant State" zum höchsten Ziel gemacht. Daher reichte ihnen bereits die Abneigung der Nationalisten gegenüber „ihrem" Staat, um diskriminierende Maßnahmen zu ergreifen.[126] Zusätzlich versuchte Stormont die Abneigung der Minderheit gegen den Staat durch eine herrschaftssichernde, anti-katholische Politik zu forcieren. Begünstigt wurde diese Absicht dadurch, dass es in Nordirland weder einen Grundkonsens über die Verfassung noch über zentrale politische Fragen gab. Das Regime stützte sich lieber auf die protestantische Mehrheit, als einen Grundkonsens zu erarbeiten.[127] Mit dieser Regierungsform ging auch das nordirische Wahlsystem einher, das bezeichnend für die Diskriminierung der Minderheit in Nordirland ist.

4.2.1 Die Besonderheiten des Wahlsystems

Im Allgemeinen kam den Wahlen in Nordirland nicht die Bedeutung zu, die ihnen normalerweise in einem parlamentarischen System hätten zukommen müssen, denn hier sicherte nicht die erfolgversprechende Programmatik den Wahlerfolg, sondern der gezielte Einsatz der unionistischen Ideologie, welche klar und deutlich besagte, dass alles den Staat gefährdete, was nicht mit den Interessen der Protestanten vereinbar war. Zu dieser Gefährdung zählten in erster Linie die Nationalisten, die durch ihre offene Ablehnung gegenüber der protestantischen Führungsschicht ihre Illoyalität gegenüber dem gesamten nordirischen Staat ausdrückten. Daher sorgte bereits seit 1921 die unionistische Politik dafür, dass der herrschenden Partei ihr bestes Argument, die „Illoyalität" erhalten blieb und proklamierte dies auch in der protestantischen Bevölkerung.[128] Gestärkt wurde das Ansinnen der Unionisten ihren „Protestant State" zu erhalten durch die Wahlgesetzte, die den Katholiken keine Möglichkeit boten, etwas an ihrer misslichen Lage zu ändern, denn mittels des Zensuswahlrechts sowie der Wahlkreismanipulation, dem „gerrymandering"[129] konnten die Protestanten die Mehrheit jedes Mal für sich behaupten.

---

[124] Vgl. Breuer, Manfred: Nordirland, S.17f. zit. nach: Flackes, W.D.; Elliott, S.: Northern Ireland. A Political Directory 1968-88, Blackstaff Press, Belfast 1989, S.362.
[125] Breuer, Manfred: Nordirland, S.17f.
[126] Stadler, Klaus: Nordirland, S.95.
[127] Stadler: a.a.O., S.96.
[128] Stadler, Klaus: Nordirland, S.114.
[129] Gerrymandering, aus dem Amerikan. Übernommener Fachterminus für die nach parteipolit. Gesichtspunkten vorgenommene Wahlkreiseinteilung. Ausgenutzt wird die unterschiedliche geographische Streuung der Wählerschaft der polit. Parteien. Die Manipulation ist benannt nach dem Gouverneur Gerry, der 1823 aus der Stadt Bosten einen für sich

Doch werfen wir einen genaueren Blick auf das nordirische Wahlsystem, das durch drei Arten von Wahlen bestach: die Westminster-, Stormont- und Kommunalwahlen. Die „General Elections" für Westminster erfolgten so wie auch in Großbritannien in allgemeiner, gleicher und unmittelbarer Mehrheitswahl.[130] Dies bedeutete gleiches Wahlrecht sowohl für Protestanten als auch für Katholiken. Die Wahlen für Stormont erfolgten ab 1929 ebenfalls nach dem Mehrheitswahlrecht, bei denen allerdings in den 52 Wahlkreisen jeweils ein Mandat zu vergeben war. Problematisch waren hierbei vor allem die Stimmen der Queens University sowie das „plural voting". Letzteres galt vor allem für Unternehmer und Geschäftsleute.[131] Dieses Wahlsystem stimmte seit dem Jahre 1948 nicht mehr mit dem britischen Vorbild überein, denn Großbritannien hatte seit dieser Zeit auch für Kommunalwahlen das allgemeine und gleiche Wahlrecht eingeführt.[132] Die Kommunalwahlen erfolgten in Nordirland also weiterhin nach dem veralteten Zensuswahlrecht, welches die Wahlberechtigung an bestimmte Bedingungen wie Hausbesitz und Steueraufkommen knüpfte, so dass beispielsweise ein Unternehmer mit hohem Steueraufkommen, meist ein Protestant bis zu sechs Stimmen abgeben konnte, während sozial schwache Personen im günstigsten Fall eine Stimme bekamen, oftmals sogar keine. Dies traf vor allem auf Katholiken zu.

Diese bereits durch das Wahlrecht entstandene Diskriminierung wurde zusätzlich durch das „gerrymandering" verschärft, das sich durch die Manipulation der Wahlkreisgeometrie auszeichnete, bei der eine möglichst große Anzahl von Katholiken in einem Wahlkreis zusammengefasst wurde, während man in protestantischen Gebieten Wahlkreise mit möglichst geringer Einwohnerzahl eingerichtet hatte. Manfred BREUER veranschaulicht die Auswirkung der Wahlkreismanipulation kombiniert mit dem Zensuswahlrecht am Beispiel der Kommunalwahlen zum Stadtrat von Londonderry im Jahre 1967.

---

sicheren Wahlkreis herausschnitt, der einem Salamander glich. [...] Zu unterscheiden sind zwei Strategien von G. [...]: entweder die Mischung der Wählerschaften verschiedener Parteien in der Weise, dass die eigene Partei in vielen Wahlkreisen eine zwar leichte, aber sichere Oberhand behält, oder die Konzentration der gegnerischen Wählerschaft, in möglichst wenigen Wahlkreisen, so dass diese Wahlkreise dem Gegner zwar sicher zufallen, aber unter Vergeudung vieler Stimmen. Vgl.: Nohlen, Dieter (Hrsg.): Lexikon der Politikwissenschaft. Theorien, Methoden, Begriffe. Bd. 1 A-M, C.H. Beck Verlag, München 2002
[130] Breuer, Manfred: Nordirland, S.18.
[131] Breuer: a.a.O., S.18.
[132] Stadler, Klaus: Nordirland, S.101.

Distrikt	anti-Unionisten Stimmen	Mandate	Unionisten Stimmen	Mandate	Gesamt Stimmen	Mandate
South	10047	8	1138	0	11185	8
North	2530	0	3946	8	6476	8
Waterside	1852	0	3697	4	5549	4
Gesamt	14429	8	8781	12	23210	20
Stimmen pro Mandat	1806		732		1161	

Tabelle 1: Kommunalwahlen in Londonderry 1967[133]

Deutlich zeigt sich, dass die Unionisten durch diese Wahlstrategie drei wichtige Ziele für den Erhalt ihrer Vormachtstellung erreichen konnten. Durch das „gerrymandering" und die „buisness vote" konnte der Fragmentierung des unionistischen Lagers entgegengewirkt werden, da ultra-unionistische Gruppierungen durch das Mehrheitswahlrecht von der Macht ferngehalten wurden. Ebenso wurde die Ausbildung eines klassischen Rechts-Links-Spektrums verhindert, da sozialistische wie auch sozialdemokratische Gruppierungen ausgegrenzt wurden. Somit konnte die ohnehin schon schwache Stellung der Nationalisten weiter geschwächt werden.[134] Selbst in Newry, einem hauptsächlich katholischen Stadtteil, entsprach die Zusammensetzung des Stadtrats keineswegs dem realen Bevölkerungsanteil[135], dennoch liefert diese Stadt wohl das einzige Beispiel für eine katholische Verwaltung, die ebenfalls das Prinzip der Diskriminierung anwendete. Die Abschaffung des „gerrymandering" war daher verständlicherweise einer der Hauptpunkte in der Reformforderung der Bürgerrechtler, denn die Wahlkreismanipulation wirkte sich ebenfalls im Bereich des „local government" aus, da die Zusammensetzung der „councils" die Arbeit der Kommunalverwaltung bis ins Detail bestimmen konnte. Gerade von hier aus hatten die Unionisten eine gute Möglichkeit die Diskriminierung der katholischen Minderheit fortzuführen und auszubauen. Auch der Lord Cameron Bericht zeigt sich deutlich entsetzt über die drastischen Maßnahmen der Unionisten im Bereich des „local government" und sieht die Klagen der Bürgerrechtler daher als berechtigt an.[136]

---

[133] Vgl.: Breuer, Manfred: Nordirland. Eine Konfliktanalyse, S.19 / Quelle: Cameron Committee, zit. nach O'Leary, Brendan; Arthur, Paul: „Introduction. Northern Ireland as a Site of State- and Nation-Building Failure" In: McGarry, John; O'leary, Brendan (Hrsg.): The Future of Northern Ireland, Clarendon Press, Oxford 1990, S.1-47.
[134] Breuer, Manfred: Nordirland, S.19f.
[135] Stadler, Klaus: Nordirland, S.102.
[136] Stadler: a.a.O., S.107.

4.2.2 „law and order"

Eng verbunden mit dem Wahlsystem Nordirlands steht der Komplex des „law and order", denn auch hier, im Bereich politischer Institutionen und Maßnahmen, zeigte die protestantische Mehrheit eine politische Tendenz zur Diskriminierung der Minderheit, denn laut des „Special Powers Act" war es dem Innenminister erlaubt Vorschriften zu erlassen, die seiner Meinung nach zur Aufrechterhaltung der öffentlichen Ordnung nötig waren. In diesem Zusammenhang konnte er die Polizei beauftragen, Verhaftungen ohne Haftbefehl sowie Hausdurchsuchungen durchzuführen ebenso wie Beschlagnahmungen ohne richterliche Anordnung, hinzu kam die Sperrung von Straßen, Brücken und Fährverbindungen ohne eine vorherige Ankündigung und die jederzeitige Kontrolle von Personen und Kraftwagen. Schließlich konnte auch die Internierung von Verdächtigen auf unbestimmte Zeit angeordnet werden. Betroffen von diesen Maßnahmen war jedoch meist nur die katholische Bevölkerungssicht.[137] Diese Notstandsgesetze erwiesen sich alsbald schon als ein Mittel zur politischen Disziplinierung und somit gleichzeitig zur politischen Diskriminierung der Minderheit. Da die nordirische Polizei unter anderem für die Durchführung der Maßnahmen des „Special Powers Act" zuständig war, wurde sie von den Katholiken als Verbündeter der Unionisten empfunden, was nicht von der Hand zu weisen ist, wenn man bedenkt, dass 1969 nur 11% der Polizisten katholischen Glaubens waren. Auch ihre halbmilitärischen Funktionen, die entsprechende Bewaffnung, das Vorgehen gegen die Regime-Gegner, sprich gegen die illoyalen Katholiken und ihre konfessionelle Zusammensetzung ließen sie wenig vertrauenerweckend erscheinen. Ihre Funktion als „Freund und Helfer in der Not" erfüllten sie nur für die protestantische Bevölkerung. Für diese nach der Teilung Irlands gegründete „Royal Ulster Constabulary" war es nie möglich das volle Vertrauen der Minderheit zu gewinnen, da sie eben auch die Funktion einer politischen Polizei übernahm, was sie auch deutlich durch ihr Verhalten bei den ersten Bürgerrechtsdemonstrationen zeigte. Dies war ein Grund, warum nur wenige Katholiken überhaupt bereit waren der „RUC" beizutreten, der andere war ihr Glauben.[138] Das sowie so schon schlechte Verhältnis zwischen Polizei und katholischer Bevölkerung wurde noch zusätzlich durch die Existenz der Hilfspolizei „Ulster Special Constabulary" verschärft, denn sie wurde noch stärker als die reguläre Polizei als Bedrohung empfunden, da ihre Mitglieder ausschließlich aus bewaffnete Protestanten bestanden, die gewillt waren, ihren Staat mit allen Mitteln zu verteidigen. Ihr Feind waren nicht nur politische Gruppierungen wie die IRA, sondern hauptsächlich die „illoyale" Minderheit der Bevölkerung.[139]

---

[137] Stadler: Nordirland, S.108.
[138] Stadler: a.a.O., S.109.
[139] Stadler, Klaus: Nordirland, S.110.

4.2.3 Politik und „sectarianism"

Ein weiterer Punkt dem in diesem Zusammenhang noch Aufmerksamkeit geschenkt werden muss, ist das Zusammenspiel von Politik und Religion, sprich von „Unionist Party" und „Orange Order", denn der traditionsbewusste „Geheimbund" verkörperte nicht nur die Ideologie eines politischen Protestantismus, sondern er war zugleich die Stütze der unionistischen Bewegung. Der „Orange Order" war organisiert wie eine politische Partei und gleichzeitig ein aktiver Traditions- und Interessenverein, der erfolgreich für die klassenüberbrückende Einheit der unionistischen Bewegung arbeitete. Um dieses Ziel zu verfolgen, bediente man sich historischer Gewänder, Kampflieder, Bilder sowie der vom dumpfen Klang der „Labeg drums" begleiteten Traditionsmärsche, die an die Erfolge des „Great and Good King William" erinnern sollten, der für viele Ulster-Protestanten eine Identifikationsfigur darstellte. Der sogenannte „sectarianism", der zu einem Bestandteil der unionistischen Politik wurde, basierte also zum größten Teil auf den Aktivitäten des „Orange Order". Zu seiner konkreten politischen Wirkung gelangte er aber erst durch den Einfluss des Ordens auf die lokale und nationale Politik der „Unionist Party", was nicht verwunderlich ist, da doch nur Protestanten der Partei und dem Orden angehörten.[140]

4.3 Ethnische und konfessionelle Unterschiede als Ursache

Auch wenn Manfred BREUER in seiner Konfliktanalyse davon spricht, dass die Auseinandersetzung in erster Linie nicht als eine religiöse angesehen werden darf, da die Konfessionszugehörigkeit hauptsächlich der Unterscheidung und Identifikation mit einer bestimmten Bevölkerungsgruppe diente, die sich politisch, wirtschaftlich und auch sozial getrennt entwickelten und lebten[141], so ist es doch nicht von der Hand zu weisen, dass die Konfession im gesamten Konfliktgeschehen eine nicht zu unterschätzende Rolle spielte und bis heute auch noch spielt. Deutlich wird dies unter anderem daran, dass Nordirland selber die Unterteilung der Protestgruppen in Katholiken und Protestanten vornahm, zudem spielte auch der Einfluss der Kirche in diesem Bereich eine große Rolle. Sie entwickelte sich bereits ab dem 13. Jahrhundert zu einem Konfliktpunkt. Interessant ist dabei, dass die unter Bernhard von Clairvaux entstandenen Mönchsorden diese Praxis zusätzlich verschärften, indem ein und derselbe Orden verschiedene Zweigniederlassungen von Klöstern errichten ließ.[142]

Auch der unparteiische europäische Betrachter denkt beim Nordirlandkonflikt zuerst an die Unterscheidung der Konfliktparteien durch ihre Konfessionszugehörigkeit. Schließlich aber zeigt ein Blick auf Irlands Vergangenheit, dass gerade Politik und Religion seit

---
[140] Stadler: a.a.O., S.117f.
[141] Breuer, Manfred: Nordirland, S.27.
[142] Breuer, Rolf: Irland, S.141.

Jahrhunderten unentwirrbar miteinander verwoben sind und somit also auch die Konfession ihre Berechtigung als Eskalationsursache hat, denn seit Heinrich VIII. sich und sein Reich von der römisch-katholischen Kirche losgesagt und seine eigene Kirche gegründet hatte, versuchten alle nachfolgenden englischen Herrscher, mit militärischer Gewalt und kolonialer Unterdrückung, im katholischen Irland ihre neue Lehre durchzusetzen. Aus diesem Vorhaben entstand ein neuer Gegensatz, nämlich der der konfessionellen Differenzen, durch den die gälische Bevölkerung von der anglo-normannischen unterschieden wurde. Dieser Gegensatz entwickelte sich im Verlauf der Zeit zu einem Kriterium der Diskriminierung und infolge dessen zu einem Faktor, der für den Ausbruch der Eskalation nicht nur im Jahre 1968 von Bedeutung war. Eine Assimilierung so wie sie noch zwischen den Iren und Wikingern beziehungsweise den Iren und den „Old English" stattgefunden hatte, wurde von nun an untersagt. Stattdessen erwuchsen aus politischen und wirtschaftlichen Gründen zwei gänzlich unterschiedliche Bevölkerungsgruppen, die sich sowohl ethnisch als auch konfessionell voneinander unterschieden.[143]

Bevor aber im Detail auf die konfessionellen Unterschiede und die dadurch bedingten Auseinandersetzungen eingegangen wird, sollen kurz die ethnischen Differenzen angesprochen werden.

4.3.1 Die ethnische Konfliktlinie

Die Ursachenforschung anhand der ethnischen Konfliktlinie befasst sich mit dem Bewusstsein einer bestimmten Bevölkerungsgruppe anzugehören. Im Falle von Nordirland zu der Gemeinschaft der Unionisten oder der Nationalisten. Der Zwang sich in eine dieser Gruppen zu integrieren, ist in Nordirland bis heute besonders groß. Bereits im Jahre 1981 erstellte Henry TJAFEL die „Social Identity Theorie" (SIT), die auf der Annahme basierte, dass sich die Individuen nur in Gruppen zusammenschließen, die sie psychologisch unter Druck stellen. Das besondere Ziel dabei ist es, dass das jeweilige Individuum seine soziale Umwelt vereinfacht, indem es sich über die Gruppe definiert. Für Nordirland bedeutet dies, dass die Gruppe dem Einzelnen Sicherheit und Schutz vor den Übergriffen der gegnerischen Gruppe bietet. Folglich entsprang aus dieser Überlegung die Ghettoisierung, da man dort vor Auseinandersetzungen mit dem Werte- und Normensystem der anderen Gruppe geschützt wurde.[144]

Dr. Martin MELAUGH von der Ulster University, der sich eingehend mit der Ursachenforschung zum Nordirlandkonflikt auseinandergesetzt hat und der eigens für diese Untersuchung befragt wurde, sieht die ethnische Abgrenzung auch im Bau von

---
[143] Hermle, Reinhard: Der Konflikt in Nordirland, S.91.
[144] Breuer, Manfred: Nordirland, S.76.

konfessionell getrennten Schulen, Einkaufszentren im Zentrum Belfast und konfessionell getrennten Sportvereinen. Daraus erfolgt nach K. DOHSE eine Ideologie, die Katholiken zu einer sogenannten „out-group" stilisierte, die aus Sicht der Gegnergruppe ausschließlich mit negativen Eigenschaften behaftet war. Parallel dazu entwickelten sich die Protestanten, die Unionisten, zur sogenannten „in-group" mit überwiegend positiven Eigenschaften. Funktionieren konnte diese Stigmatisierung in Gut und Böse jedoch nur solange wie die „out-group" diese reziproke Ideologie akzeptierte, sprich also für den unreflektierten Nationalismus eintrat sowie die Existenzberechtigung Ulsters ablehnte.[145] An dieser Stelle kann und darf eine erste Kritik an der katholischen Minderheit laut werden, die auch K. DOHSE unterstützt, denn die Nationalisten ließen sich jahrelang von Seiten der Unionisten in das Schema der „out-group" drücken, ohne jemals richtig aktiv geworden zu sein. Im Fall von Nordirland führt die Zuordnung in „in-group" und „out-group" zu folgenden Stereotypen:

1. Die Protestanten sehen sich selbst als:
   […] fine, ordinary, decent British people […] loyal Orangemen, determined to remain in power and maintain their hardworking, conservative ethic.

2. Die Katholiken sehen sie hingegen als:
   […] are in control of the country and are determined to remain in control, even at the cost of bitter murder.

3. Die Katholiken sehen sich selber hingegen als
   […] fine, ordinary, decent Irish people. However, they think they are deprived of power, so it is reasonable that they see themselves as long-suffering, unfortunate and insecure.

4. In ihren Augen sind die Protestanten zwar:
   […] ordinary enough people but Irish-nationalist-Republican. They are seen as brainwashed by priests, having too many children, and as being superstitious and bitter.[146]

Interessant ist in diesem Zusammenhang, dass gerade die Katholiken, deren Geburtenrate sich kontinuierlich erhöhte, der Meinung waren, die Protestanten hätten viele Kinder.

---

[145] Stadler, Klaus: Nordirland, S.114.
[146] Vgl.: Breuer, Manfred: Nordirland, S.76, zit. nach: Hunter, John A.: „An Analysis of the Conflict in Northern Ireland", 1989², S.48f. In: Rea,Desmond (Hrsg.): Political Co-operation in Divided Societies. A Series of Papers Relevant to the Conflict in Northern Ireland, Gill and Macnillan, Dublin 1982, S.9-59.

Deutlich zeigt die von O'DONELL durchgeführte Studie, wie sehr Eigendynamik und Wechselwirkung zur Entstehung von Stereotypen und somit zur Stigmatisierung beitragen. Die Stigmatisierung forcierte die Unterteilung der beiden Bevölkerungsgruppen in katholisch und protestantisch. Durch diese Vorurteile wurde nicht nur die Trennung beider Populationen weiter vorangetrieben, sondern auch die Eskalation des Konfliktes.

4.3.2 Die religiöse Konfliktlinie

Nach Hans RAATZ prägt ein funktionierendes Sozialisationssystem sowohl die Bildung als auch den Fortbestand einer politischen Kultur wie auch ihr Wertesystem. Dies bedeutet, dass nur dann ein stabiles politisches System entstehen und fortbestehen kann, wenn die Gesellschaft in sich geschlossen ist.[147] Dass das Wertesystem Nordirlands jedoch von Vorurteilen, Angst, Hass und Intoleranz geprägt war, wurde bereits eingehend unter Punkt 4.3.1 verdeutlicht. Diese Tatsache hat eindeutig ihre Wurzeln in der Vergangenheit, als in Nordirland selbst:

> „...the past is relived as contemporary events ... the inhabitants ... have not shared a single national identity for nearly a millennium and there has never been a period of ... a fully legitimate regime...".[148]

Wie bereits angesprochen, ergibt sich für Nordirland aus der ethnischen Spaltung zwangsläufig auch eine konfessionelle und umgekehrt, denn sowohl der ethnische Aspekt als auch der religiöse dienen zur Stigmatisierung der zwei Bevölkerungsgruppen. Dabei ist jedoch auch nicht außer Acht zu lassen, dass mit der Glaubenszugehörigkeit die politische Überzeugung ebenso tief verwurzelt ist, denn nirgendwo sonst wird in protestantisch-unionistisch und katholisch-nationalistisch unterschieden. Hinsichtlich dieser Feststellung kann also davon gesprochen werden, dass das ethnische, konfessionelle und politische Element in der Geschichte des Nordirlandkonfliktes schier unentwirrbar miteinander verwoben ist. Da aber sowohl der politische als auch der ethnische Aspekt als Faktoren der Eskalation bereits erläutert wurden, soll nun der religiöse erfolgen, um die grundlegenden Ursachen zu komplettieren. Dabei zeigt sich, dass die Geschichte der irischen Religion und Kirche äußerst verworren, kompliziert, mitunter widersprüchlich und teilweise schwer nachvollziehbar ist. Denn auf der einen Seite steht der christliche Glaube, dessen Wurzeln bis heute völlig im Dunkeln liegen sowie die leerstehenden Kirchen des Spätmittelalters und der Frühen Neuzeit und das scheinbare Desinteresse der Bevölkerung an der

---
[147] Raatz, Hans: Der Nordirland-Konflikt und die britische Nordirland-Politik seit 1968, S.34.
[148] Vgl.: Raatz, Hans: Der Nordirland-Konflikt und die britische Nordirland-Politik seit 1968, S.34, zit. nach: Rose, R.: Governing without Consensus. An Irish Perspektive, London 1971, S.75; siehe auch O'Farrell, P.: England and Ireland since 1800, Oxford 1975, S.1.

Reformation des 16. Jahrhunderts, auf der anderen Seite sind es gerade die Bettelorden, die die Grundzüge für die konfessionelle Auseinandersetzung legten und die gespaltene Haltung des Papstes, der den Sieg des protestantischen William am Boyne begrüßte. Bemerkenswert ist auch, dass die keltische Kirche eine Sonderstellung innerhalb der römisch-katholischen Kirche besaß. Es kam sozusagen zu einer Vermischung keltischer und katholischer Elemente, denn in der Lehre passte sich die lateinische Kirche den keltischen Vorstellungen an.[149]

Eine weitere Besonderheit, die sich dadurch ergab, war die Tatsache, dass nicht die Bischofssitze sondern die Klöster zu den entscheidenden Zentren christlicher Organisation in Irland wurden.[150] Gerade in dieser Zeit zeigte der Papst in Rom großes Interesse an Irland und seiner Kirche. Zum einen weil er die Kirchensteuer auf lange Sicht sichern wollte, zum anderen weil er sich als höchste Instanz, sprich als oberster Lehnsherr über alle anderen in England und Irland durchsetzen wollte. Bedingt wurde dies wohl hauptsächlich dadurch, dass es sich bei dem amtierenden Papst, um den einzigen englischen in der Kirchengeschichte handelte, der daher ein besonderes, sicherlich auch privates Interesse an einer Herrschaft über Irland hatte. Daher erließ Hadrian IV. 1155 die Bulle „Laudabiliter", die besagte, dass der englische König Heinrich II. nach Irland gehen sollte, um die kirchlichen Angelegenheiten im Namen des Papstes zu regeln.[151] Wie jedoch bereits im historischen Rückblick angeführt, weiß die Überlieferung auch eine andere Geschichte zu berichten, nämlich die des Hilfegesuchs des irischen Fürsten von Leinster an Heinrich II.. Folglich besteht Uneinigkeit über den wahren Grund der anglo-normannischen Invasion. Sicherlich entspricht es aber der Wahrheit, dass der Papst, aus oben angeführten Gründen, großes Interesse an Irland hatte. Allerdings gibt es auch aus dem 12. Jahrhundert Stimmen, die behaupten, dass in Irland das Christentum nie ganz durchgedrungen sei.[152]

Allgemein kann man davon sprechen, dass der Religion aus Sicht der Bevölkerung wenig Bedeutung beigemessen wurde. Erst mit der Bildung der Bettelorden in der Zeit von Bernhard von Clairvaux, entwickelten sich erste gewalttätige Auseinandersetzungen zwischen den verschiedenen Konfessionen. Ob dies eine Folge daraus war, dass die gälische Bevölkerung um ihre kulturelle Identität fürchtete, sei dahingestellt, wahrscheinlicher ist, dass die jeweiligen Orden durch ihre Doppelmoral bereits zu diesem Zeitpunkt die konfessionelle Spaltung der Gesellschaft forcierten, in dem sie zwei unterschiedliche Affiliationen für die Ureinwohner und die Eroberer errichteten. Leider ist der Grund dafür historisch weder belegt noch nachvollziehbar. Bekannt ist aber, dass

---

[149] Maurer, Michael: Kleine Geschichte Irlands, S.29.
[150] Maurer: a.a.O., S.26.
[151] Maurer, Michael : Kleine Geschichte Irlands, S.37.
[152] Maurer: a.a.O., S.40.

infolgedessen die Engländer versuchten den Iren den Zutritt zu ihren Kirchen zu verwehren und die Iren die Engländer von ihren Institutionen fernhielten.[153]

Aktiv und unweigerlich am gesamten Konfliktgeschehen beteiligt, wurde die Religion seit der Kirchenpolitik Heinrichs VIII., die bei der anglo-irischen Oberschicht ebenso gutgeheißen wurde wie in England. Die gälische Bevölkerung hatte hingegen keinerlei Anteil am Zustandekommen noch am Verlauf dieser Reformation.[154] Gerade hier zeigt sich die anfänglich angesprochene Verworrenheit in konfessionellen Belangen, denn paradoxerweise war die irische Reformation des 16. Jahrhunderts eine rein katholische Angelegenheit die nichts mit dem Protestantismus zu tun hatte.[155] Entstanden war diese Reformation durch Heinrichs Auseinandersetzung mit dem Papst im Jahre 1534, die wiederum durch den Tod seines älteren Bruders und Thronerben Arthur bedingt wurde. Das englische wie auch das spanische Königshaus, dem Arthurs Witwe Katharina entstammte, sprachen sich für eine Schwagerehe aus, da sie die Allianz zwischen beiden Königshäusern nicht auflösen wollten. Nach anfänglichem Zögern willigte der Papst in diese Ehe ein. Als jedoch die männlichen Nachfolger ausblieben, glaubte Heinrich VIII. an die Missbilligung der eigentlich unrechtmäßigen Eheschließung durch Gott. Daher bat er den Papst um eine Scheidung und die anschließende Vermählung mit Heinrichs langjähriger Geliebten Anne Boleyn. Doch erzürnt über diese Bitte weigerte sich der Papst standhaft. Daraufhin löste Heinrich mit Hilfe einiger englischer Bischöfe die englische Kirche aus dem Verband der römisch-katholischen und erklärte sich durch den „Act of Supremacy" zu ihrem Oberhaupt.[156] Politische Ereignisse verzögerten kurzzeitig die Durchsetzung in Irland und so wurde Heinrich VIII. erst 1536 auch dort zum „Supreme Head on Earth of the Church of Ireland".[157] Nach J.C. BECKETT verlief der Prozess der Reformation in England wie auch in Irland weitestgehend ruhig und ohne größeren Widerstand. Lediglich ein kleiner Kreis der anglo-irischen Geistlichkeit unter Cromer, dem Erzbischof von Armagh, legte 1536/37 Einwand gegen einen „Katholizismus ohne Papst" ein, der zur Folge hatte, dass die niedrige Geistlichkeit vom Parlament ausgeschlossen wurde.[158] Seitdem bestand das Parlament in Irland wie auch in England nur noch aus einem Unterhaus mit Vertretern der Städte und Grafschaften und einem Oberhaus aus Adligen und Bischöfen.[159] Der Adel schien hingegen wenig beeindruckt, war es für ihn doch nur eine Frage der Loyalität und nicht des Glaubens. Die Mönche versuchten allerdings die einfachen Gläubigen gegen diese Reformation

---

[153] Maurer : a.a.O., S.14.
[154] Beckett, James: Geschichte Irlands, S.53.
[155] Maurer, Michael: Kleine Geschichte Irlands, S.79.
[156] Breuer, Rolf: Irland, S.48.
[157] Beckett, James: Geschichte Irlands, S.49.
[158] Beckett: a.a.O., S.54.
[159] Maurer, Michael: Kleine Geschichte Irlands, S.80.

aufzubringen.[160] Es ist dabei kaum vorstellbar, dass diese Reformation keine Gegenwehr hervorrief, wenn man bedenkt, dass 1537 unter der Leitung von Anthony St. Leger die Enteignung des irischen Kirchenbesitzes zugunsten des Staates veranlasst wurde.[161] Grund dafür war wohl die Tatsache, dass die Reformation nicht über das Gebiet der „Pale" hinausging. Lediglich Kildare hatte versucht die Treue zum Papst gegen die Treue zum König auszuspielen.[162] 1539 ließ Heinrich verlauten, dass sich die „Anglikanische Kirche" gegen die Einflüsse der lutherischen Kirche abgrenze und vielmehr eine Lehre nach der Tradition der römisch-katholischen anstrebe, die sowohl die Kommunion als auch das Zölibat beinhalte. Erst nach seiner Regentschaft sollte das Spiel mit den konfessionellen Gegensätzen zum allgemeinen Mittel der Interessenwahrung der herrschenden Oberschicht werden. Sein Nachfolger Eduard versuchte in der sogenannten zweiten Phase der Reformation den Protestantismus in Irland weiter zu verbreiten. Doch aufgrund des Fehlens geistlicher Vertreter sowie dem Unwillen des alten irischen Klerus, der sich gegen eine weitere Reformation aussprach, scheiterte dieser Versuch. Auch das „Common Prayer Book" von 1552 zeigte kaum eine Wirkung und mit dem frühen Ableben Eduards ging diese zweite Phase der Reformation zu Ende. Seine Nachfolgerin Mary aus dem Hause Stuart versuchte ihre Untertanen wieder zur alten Lehre zurück zu führen. Mit dem Amtsantritt Elizabeth I. begann die dritte Phase, die intensiver war als die beiden Reformationen zuvor. Das Supremat war zwar anerkannt worden, doch knapp 30 Jahre nach Heinrichs Reformationsversuch fehlte immer noch die Beteiligung der Bevölkerung. Dieses Desinteresse der hauptsächlich katholischen Bevölkerung zwang Elizabeth I. letztlich dazu das irische Parlament an der Regelung der Religionsangelegenheiten zu beteiligen.[163] Somit wurde die Frage um die Religion endgültig politisch. 1560 akzeptierte das Parlament das englische Uniformitätsgesetz, welches verpflichtende Eide für Kleriker und Beamte, Kirchenbesuchszwang am Sonntag, auf dessen Übertretung Geldstrafen standen, beinhaltete, was den Historikern bis heute große Rätsel aufgibt. Dadurch erschien die Kirchenpolitik wie eine Anglisierungspolitik. Innerhalb der „Pale" schien diese Politik auch zu funktionieren, denn scheinbar beugten sich die „Old English" dem Protestantismus. In der Praxis blieben sie ihrem alten Glauben aber treu.[164]

In der elisabethanischen Zeit kamen weitere Siedler nach Irland, so dass man grundsätzlich von drei unterschiedlichen Bevölkerungsgruppen sprechen kann, den irischen Ureinwohnern mit katholischem Glauben, den „Old English" mit katholischem Glauben und den schottischen sowie englischen Neueinwanderern, die den reformierten Glauben

---

[160] Beckett, James: Geschichte Irlands, S.55.
[161] Elvert, Jürgen: Geschichte Irlands, S.149.
[162] Maurer, Michael: Kleine Geschichte Irlands, S.80.
[163] Maurer, Michael: Kleine Geschichte Irlands, S.83.
[164] Maurer: a.a.O., S.83.

mitbrachten.[165] Da sich die ersten beiden Gruppen beharrlich gegen eine Reformation wehrten, wurden die neuen gesetzlichen Regelungen in Religionsdingen auch mit Zwang durchgesetzt. Demzufolge entwickelte sich bald auf der Gegenseite ein äußerst bewusster und aktiver katholischer Glaube, der in einer Gegenreformation gipfelte. Insbesondere die „Old English" im „Pale" stilisierten diesen alten Glauben zu einem Teil ihrer Identität, gleichzeitig fühlten sie sich durch die Neusiedler bedroht. Daher suchten sie besonderen Kontakt zum katholischen Ausland und den Jesuiten, die, in diesem speziellen Fall, hauptsächlich Abkömmlinge der anglo-irischen Bevölkerung waren.[166] Infolgedessen richteten sie sich nach dem Konzil von Trient, das den Papst mit der Widergewinnung der vom katholischen Glauben abgefallenen Länder beauftragt hatte. In der Rebellion von Munster, auch als „Nine Years War" oder „Tyrone's Rebellion" bekannt, wurden dann erstmals die entstandenen Konfessionsfronten sichtbar, die bis heute Bestand haben. Dabei wurde aus einem ehemals politischen Problem, nämlich die Kolonialisierung Irlands durch die englische Krone, gleichzeitig ein konfessionelles, mit dem die neue Siedlungspolitik einherging, durch die man versuchte, die unliebsamen katholischen Rebellen gegen königstreue und vor allem protestantische Engländer auszutauschen. Mit dem Ende des „Nine Years War" und der anschließenden „Flight of the Earls" konnte die Kolonialisierung der letzten gälischen Provinz Ulster beginnen und mit ihr die Vernichtung der bis dato intakten gälischen Struktur.[167] Da die geflohenen irischen Anführer der Rebellion durch die englische Krone zu Hochverrätern erklärt wurden und somit rechtlos waren, konfiszierte sie ihr Land, das immerhin zwei Drittel der Nordprovinz umfasste. Die Iren, die dieses Land bewohnten, wurden erst einmal vertrieben, denn das Ziel war die Schaffung einer neuen und protestantischen Gesellschaft.[168] Bei dieser „Plantation" wurde, wie bereits unter Punkt 4.2 erläutert, die katholische Bevölkerung gewaltsam gezwungen umzusiedeln. Die Kolonisten, die nun nicht mehr nur aus einer gebildeten Oberschicht bestanden, sondern ebenso Handwerker, Bauern und Händler waren, verdrängten die „Ureinwohner" nicht nur aus der Landwirtschaft, sondern auch aus allen weiteren Wirtschaftszweigen.[169] Bald schon zeigte sich aber, dass der Plan einer vollständigen Kolonialisierung nicht aufging, denn es wurden nicht genügend Interessenten gefunden, die als Pächter oder Landarbeiter nach Ulster gehen wollten.[170] Gerade dieser Punkt ist entscheidend für die weitere Entwicklung des Konfliktes. Die englische Krone konnte nämlich lediglich eine intensive Besiedlung durch Schotten in Antrim und Down vorweisen, was bedeutete, dass der restliche Teil Ulsters

---

[165] Maurer: a.a.O., S.70.
[166] Maurer: a.a.O., S.86f.
[167] Maurer, Michael : Kleine Geschichte Irlands, S.91.
[168] Stadler, Klaus: Nordirland, S.8.
[169] Maurer, Michael: Kleine Geschichte Irlands, S.91f.
[170] Stadler, Klaus: Nordirland, S.8.

immer noch von den katholischen Iren bevölkert war. Diese schottischen Siedler bildeten allerdings eine weitere konfessionelle Gruppe, die der Presbyterianer. England beschloss daher, die eben noch ausgestoßenen und vertriebenen Iren ebenfalls in Pacht- und Arbeitsverhältnisse zu nehmen, die jedoch von mannigfachen Repressalien geprägt waren, damit die Landwirtschaft kultiviert werden konnte. So litten die Iren unter zu hohen Pachtabgaben, die jederzeit gesteigert werden konnten ebenso wie unter der Angst, dass die Pachtverträge nicht verlängert würden. Hinzu kam, dass sie für ihre Arbeiten viel geringer entlohnt wurden als die protestantischen Arbeiter. Diese Tatsachen mussten zwangsläufig zu einem Konkurrenzkampf zwischen protestantischen und katholischen Bauern führen. Somit waren die Weichen für eine konfessionelle Spaltung der Gesellschaft gestellt, die durch die Unterdrückungsmaschinerie Englands gegenüber den katholischen Ureinwohnern forciert wurde. Die „Plantation of Ulster" kann allgemein hin als erster massiver Akt der englischen Krone verstanden werden, die katholische Bevölkerung zu sanktionieren, disziplinieren und anglisieren.[171] Auch hier zeigt sich wieder, wie eng Religion und Politik miteinander verschmolzen sind. In den nachfolgenden Jahrhunderten wurde dies durch den Erlass verschiedenster Gesetze weiter fortgeführt. Bemerkenswert ist dabei, dass die Engländer und die presbyterianischen Schotten konsequent seit dem frühen 17. Jahrhundert damit beschäftigt waren die gälische Kultur auszurotten, um ein neues Britannien zu errichten, welches durch typisch britische Gesetze und Reformen, wie Eigentumsstrukturen und Erbrecht, „Common Law" und den Protestantismus gekennzeichnet war.[172] Dies zeigte sich auch im irischen Parlament. Zwar waren hier kaum gälische Lords vertreten, doch der hohe Anteil an den ebenfalls katholischen „Old English" war England ein Dorn im Auge. Daher beschloss man die Katholiken wenigstens im Parlament zu einer Minderheit werden zu lassen, indem man ihre Sitze reduzierte und die Wahlkreise änderte.[173]

Einen weiteren Faktor, der die Religion zum Eskalationsgrund werden ließ, stellt der Aufstand von 1641 dar, bei dem Schätzungen zur Folge 12.000 Protestanten innerhalb kürzester Zeit durch Katholiken ermordet wurden. Als wichtig erweist sich hierbei, dass dieser Aufstand durch Propaganda und Gegenpropaganda derartig aufgebauscht wurde, dass von englischer Seite sogar von 300.000 Toten gesprochen wurde. Eine absolut unrealistische Zahl, da sie die wirkliche Anzahl an irischen Protestanten um das Doppelte übersteigt.[174] Nichtsdestotrotz schürte diese Propaganda den Hass der Protestanten und vertiefte die Spaltung der Bevölkerung durch ihre religiöse Zugehörigkeit. Der ethnische Aspekt rückte derartig in den Hintergrund, dass schon bald nicht mehr von Engländern und

---

[171] Maurer, Michael: Kleine Geschichte Irlands, S.98f.
[172] Maurer: a.a.O., S.99f.
[173] Maurer: a.a.O., S.105f.
[174] Maurer: a.a.O., S.111.

Iren gesprochen wurde, sondern nur noch von Protestanten und Katholiken. Die Protestanten rächten sich unter Cromwell für das an ihren Glaubensgenossen verübte Leid. Dieser empfand den Feldzug durch Irland auch als einen Religionskrieg. In einem regelrechten religiösen Fanatismus, so MAURER, arbeitete er auf den Endsieg der „guten Sache" hin, der Sache des Protestantismus. Und so erlebten die Katholiken „ihr" Massaker von Drogheda am 11. September 1649.[175]

Am 12. August 1652 wurde ein Sieldungsgesetz vom englischen Parlament verabschiedet, welches in gnädiger Absicht besagte, dass man nicht „die ganze Nation auszurotten" beabsichtigte. Dieses Gesetz richtete sich ausschließlich gegen die Katholiken, denen eine Kollektivschuld zugesprochen wurde, besonders hart traf es die katholischen Landbesitzer, denn Ulster, Munster und Leinster sollten von katholischen Grundbesitzern befreit werden. Mann beschloss sie im wenig erträglichen Connaght anzusiedeln, ihnen aber aus Sicherheitsgründen den Zutritt zum Meer zu verweigern. Dieses Vorhaben ging auch unter dem Namen „To Hell or Connaght!" in die irisch-britische Geschichte ein. Das Ergebnis dieser Aktion war zum einen, dass die Protestanten nun hauptsächlich als Landbesitzer fungierten. Da aber die politische Macht gleichfalls an den Landbesitz gebunden war, hatten auch nur die Protestanten die Möglichkeit im Parlament zu wirken. Zum anderen regierte nun einzig und allein die protestantische Kirche in Irland. Katholische Priester und Bischöfe wurden mittels eines Kopfgeldes verfolgt und getötet.[176]

Ein weiterer Punkt, der sich in die lange Reihe der religiösen Konfliktlinie einreiht ist die „Penal Time". Sie steht für die Zeit, in der die „Penal Laws", die Strafgesetze gegen Katholiken erlassen und ausgeführt wurden. Sie beginnt 1691 und endet 1829. Durch die „Penal Laws" versuchte die irische als auch die englische Regierung auf drastische Weise ihren Machtanspruch zu sichern, sich politisch zu etablieren und andererseits die Religion zu einem Symbol von Herrscher- und Unterschicht zu machen, Hass und Wut gegen die andere Konfession zu schüren sowie eine auf lange Sicht konfliktreiche Spaltung der Gesellschaft vorzunehmen. Die „Penal Laws" können daher sowohl als politischer wie auch als religiöser Faktor benannt werden. Sie richteten sich zwar hauptsächlich gegen die Katholiken, jedoch auch gegen die „Dissenters". Auf die einzelnen politisch ambitionierten strafgesetzlichen Maßnahmen soll an dieser Stelle nicht näher eingegangen werden, da diese bereits unter Punkt 4.2 erläutert wurden. Lediglich die erste Gruppe der „Penal Laws" bedarf einer kurzen Erläuterung, denn diese wandte sich in erster Linie gegen die katholische Kirche, indem Bischöfe und Priester massiv an der Ausführung ihrer Tätigkeit gehindert wurden. Nicht nur, dass sich die Geistlichen registrieren lassen mussten, ihnen

---
[175] Maurer: a.a.O., S.119.
[176] Maurer, Michael: Kleine Geschichte Irlands, S.119ff.

wurde auch die Abhaltung der Messe verboten.[177] Ziel der Protestanten war es dem Katholizismus als Religion in Irland ein Ende zu bereiten.[178] Zuerst wurde daher das Parlament von den Katholiken gesäubert, dann Griff ein Gesetz, dass suggerierte die protestantische Religion sei bedroht durch die Verführung der Katholiken, durch Emissäre des Papstes.[179] Somit wurde Irland im 18. Jahrhundert von einer englisch-stämmigen und protestantischen Bevölkerungsschicht beherrscht, die sich selbst für die irische Nation hielt.[180] Trotz des Erlasses der „Penal Laws" überlebte die katholische Religion, denn sie hatte einen starken Rückhalt in der Bevölkerung. Doch auch sie zeigte sich flexibel und erlaubte beispielsweise eine Reduzierung der katholischen Feiertage, damit an ihnen gearbeitet werden konnte.[181] Zwar wurden die „Penal Laws" 1829 abgeschafft und die Katholikenemanzipation eingeführt, doch die Diskriminierung der Katholiken war damit nach wie vor nicht beendet.

Dies war die Zeit des „Act of Union" und die Zeit der neu entdeckten nationalen Gesinnung, die sich mit Hilfe des katholischen Klerus entwickeln konnte.[182] Auch hier liegen Politik und Religion nah beieinander, denn für die Zustimmung der Union war den Katholiken die Emanzipation versprochen worden, doch eingetreten war sie nie. Hinzu kam, dass es erst ab 1823 mit der „Catholic Association" von Daniel O'Connell eine gesamtirische Organisation der Katholiken gab, die die bis dato zerstrittenen katholischen Geheimgesellschaften vereinte. Bis heute wird er unter den Katholiken als einer der größten Patrioten verehrt und seine Idee von der Befreiung der katholischen Bevölkerung wurde identisch mit dem Kampf um eine irische Nation. Seit dieser Zeit ist irischer Nationalismus gleichbedeutend mit Katholizismus.[183]

Mit der Landflucht nach der großen Hungersnot und der einsetzenden Industrialisierung wuchs der religiöse Konflikt weiter an, denn nun strömte die katholische Bevölkerung in die Städte und bot sich zu geringen Arbeitslöhnen an, wodurch ein Konkurrenzkampf unter Katholiken und Protestanten entstand, den England wie auch Ulster ausnutzten, um höhere Gewinne zu erlangen. Das Lohnniveau sank beträchtlich und die Kluft zwischen Protestanten und Katholiken wurde immer größer. Organisationen wie die „Oakboys" und die „Peep o'Day Boys" entstanden, die gewaltsam gegen die katholischen Konkurrenten vorgingen.[184] Die bereits angesprochene Hungersnot von 1845/48 schürte abermals den

---

[177] Stadler, Klaus: Nordirland, S.15.
[178] Penninger, Reinhard: (Nord-)Irland, S.25.
[179] Maurer, Michael: Kleine Geschichte Irlands, S.140f.
[180] Maurer, Michael: Kleine Geschichte Irlands, S.156.
[181] Maurer: a.a.O., S.164.
[182] Maurer: a.a.O., S.184.
[183] Penninger, Reinhard: (Nord-)Irland, S.31.
[184] Stadler, Klaus. Nordirland, S.77.

Hass, denn es waren hauptsächlich Katholiken, die unter ihr litten, den überwiegend protestantischen Stadtbewohnern ging es verhältnismäßig gut.[185]

Der religiöse Konflikt ging in den darauffolgenden Jahrzehnten mit der irischen Politik einher. Besonders die „Home-Rule" entwickelte sich zu einem Streitpunkt zwischen Katholiken und Protestanten. Dies gehört jedoch eher zum politischen Aspekt des Konfliktes. Die Teilung Irlands im Jahre 1920/21 zeigt allerdings noch einmal in aller Deutlichkeit, dass die Religion eine große Rolle spielte, denn durch sie wurde Irland in einen überwiegend protestantischen Norden und einen katholischen Süden unterteilt. Nun hätte man annehmen können, dass mit diesem Schritt der Konflikterd „Konfession" der Vergangenheit angehören würde, doch dem war nicht so, denn die Protestanten befürchteten zum einen den natürlichen Zuwachs der katholischen Bevölkerung, zum anderen einen möglichen gewaltsamen Zusammenschluss mit dem katholischen Teil Irlands. Bedingt durch das sich nun entwickelnde Phänomen der „doppelten Minderheit" (4.1) wurde die Religion abermals zu einem Konfliktpunkt und sollte es auch bleiben.

Als im Jahre 1968 der Konflikt in seiner vollen Härte ausbrach, lebten im britischen Norden noch ca. 63% Protestanten, die sich allerdings aus zahlreichen Einzelkirchen zusammensetzten. Die drei größten protestantischen Glaubensgemeinschaften waren die Presbyterianer, die Church of Ireland und die Methodisten.[186] Trotz der politischen Restriktionen, die von Westminster ausgingen, hatten die Briten immer wieder Angst vor dem Einfluss der katholischen Kirche.[187] Diese Angst blieb, wie ersichtlich wurde auch nach der Teilung erhalten. Denn immer noch kam der katholischen Kirche eine führende Rolle zu und ließ sie zu einem politischen Faktor werden, woraus der Katholizismus Kraft für den nationalistischen Widerstand schöpfte. Obwohl die katholische Kirche, in den Jahren seit Ausbruch der Unruhen von 1968, beständig betonte und heute noch betont, dass sie die Anwendung von Gewalt zur Verwirklichung des politischen Ziels, die Wiedervereinigung Irlands, ablehne, wurde ihr immer wieder vorgeworfen, republikanische Interessen zu vertreten. Die Beteiligung von Priestern an der Bürgerrechtsbewegung spielten dabei keine unwesentliche Rolle. Auch wurden einschlägig bekannte Mitglieder der IRA zu den Sakramenten zu gelassen. Besonders der Gefängnispfarrer von Long Kesh, Father Denis Faul, ist auf katholischer Seite ein markantes Beispiel dafür, dass Geistliche in den Konflikt miteinbezogen werden. Er selbst ließ zeitlebens nämlich keinerlei Zweifel an seiner politischen Orientierung aufkommen. Als Kirchenmann vertrat er die Sache der unterdrückten katholischen Minderheit. Auch Fr. Des Wilson und Fr. Jospeh McVeigh, Mitglieder der Gruppe „Cry Oppressed" kämpften in Mallymurphy ihren Kampf gegen die

---

[185] Penninger, Reinhard: (Nord-)Irland, S.34.
[186] Hermle, Reinhard: Der Konflikt in Nordirland, S.91.
[187] Rapp, Michael: Nordirland am Scheideweg, S. 24.

Briten.[188] Das religiöse Element des Konfliktes wird in diesem Zusammenhang nicht bestritten, aber es wird auch nicht als Hauptursache angesehen, da es sich aus der politischen Haltung entwickelte. Nach wie vor ist die Rolle der katholischen Kirche jedoch durch ihre Haltung zur Empfängnisverhütung, Scheidung, Mischehen und Erziehung bestimmt, die noch heute in protestantischen Kreisen ihren Niederschlag in dem Slogan „Home Rule is Rome Rule" findet.[189] Zudem ist anzumerken, dass auch die katholische Kirche, insbesondere nach der Teilung Irlands, nicht unschuldig an der Eskalation der Situation war sowie an dem immer noch gespalteten Verhältnis zwischen den Bevölkerungsgruppen. Von der Republik aus verfügte sie nämlich über die Kontrolle eines breiten Sektors des öffentlichen Lebens, die grenzübergreifend spürbar wurde. Durch ihre Vorgabe einen durchaus holistischen Lebensstil zu führen und ihrer Funktion als Ratgeber, die sie von ihrem seelsorgerischen Auftrag ableitet, war es nicht möglich toleranzorientierte Verhaltensmuster auszubilden. Dies betraf sowohl den Süden als auch den Norden des Landes.[190]

4.4 Der ökonomische Aspekt als Ursache

Die geschichtliche Entwicklung, inklusive der wirtschaftlichen Sonderstellung Ulsters zeigt deutlich, dass dem Nordirlandkonflikt neben den bereits erwähnten politischen und ethnisch-religiösen Elementen auch ein wirtschaftliches als Eskalationsfaktor zugrunde liegt, denn auch in diesem Bereich wurde bis ins 20. Jahrhundert hinein eine Diskriminierung der katholischen Bevölkerung betrieben. Die Wurzeln dieser Diskriminierung reichen bis zur „Plantation of Ulster" zurück, in eine Zeit als die Landnahme der irischen Bevölkerung ihre Grundexistenz wegnahm und sie zu abhängigen Arbeitern der protestantischen Siedler machte. Zwar hatte die „Plantation" zur Folge, dass sich die Provinz Ulster zu einem ökonomischen Sonderfall entwickelte, denn nirgendwo sonst in Irland wurde ein derartiger wirtschaftlicher Aufschwung verzeichnet, doch die katholische Bevölkerung hatte wenig bis gar keinen Anteil an der ökonomischen Entwicklung, da das britische Mutterland lediglich eigene Siedler am Aufschwung beteiligte. „Penal Code" und katastrophale Pachtbedingungen verhinderten den wirtschaftlichen Aufstieg der katholischen Bevölkerung. Hinzu kam, dass die Kolonisten den Iren im Ackerbau weit überlegen waren und ihnen die „Ulster Custom" hauptsächlich finanzielle Vorteile gegenüber ihren irisch-katholischen Mitbürgern brachte. Neben günstigen Pachtbedingungen und einem konstant niedrigen Pachtzins wurde den Siedlern nicht selten nach Ablauf ihrer Pachtzeit

---

[188] Rapp': a.a.O., S.25f.
[189] Rapp, Michael: Nordirland am Scheideweg, S.26.
[190] Herz, Dietmar: Frieden und Stabilität. Die Nordirlandpolitik der Republik Irland 1969-1987. Arbeitskreis Deutsche England-Forschung, Studienverlag Dr. N. Brockmeyer, Bochum 1989, S. 109.

das Pachtrecht übertragen oder verkauft, eine Tatsache, die für die Iren nie in Betracht kam. Ganz im Gegenteil, ihnen konnte ohne Vorwarnung der Pachtvertrag gekündigt werden.[191] Ausgehend von der „Plantation" wurde die „Protestant Ascendancy" auch durch die Unterstützung Großbritanniens schnell zu einer alles beherrschenden Kraft, die natürlichen auch den Bereich der Wirtschaft kontrollierte. Vor diesem Hintergrund verwundert es daher nicht, dass sowohl die Industrialisierung und die damit einhergehende Urbanisierung zu einem wesentlichen Faktor der Konfliktbildung erwuchs. Während der Industrialisierung entwickelte sich Ulsters Hauptstadt Belfast binnen weniger Jahrzehnte zu einem Zentrum hauptsächlich protestantischer Arbeitgeber und –nehmer, da insbesondere die rapide Entwicklung der Textil- und Schiffsbauindustrie mit Anbeginn des 19. Jahrhunderts unzählige neue, zumeist protestantische Arbeiter in die Stadt brachte. Deutlich zeigt sich das Populationswachstum anhand des Beispiels Belfast. Während die Stadt im Jahre 1800 nur knapp 20.000 Einwohner aufweisen konnte, stieg diese Zahl binnen 50 Jahre auf 100.000 und erreichte 1901 ihren Höhepunkt mit 350.000 Einwohnern. Erst danach verlangsamte sich dieser Trend wieder.[192] Zudem entwickelte sich neben der Landwirtschaft und dem Schiffsbau vor allem die Leinenindustrie und stärkte dadurch einen allmählich wachsenden protestantischen Mittelstand. Während dieser erstarkende Mittelstand die industrielle Entwicklung im Norden vorantrieb, brach die ohnehin schwächelnde Industrie des Südens zusammen und machte zwangsweise mehr Menschen von der Landwirtschaft abhängig. Innerhalb von nur 40 Jahren sank die Zahl der Wollmanufakturbesitzer von 91 auf 12, die der Wollkämmereien von 30 auf 5 Personen und von 13 Teppichmanufakturbesitzern im Jahre 1800 war 1840 nur noch einer übrig.[193]

Die katholische Bevölkerung sah sich gezwungen ihr Glück in der industriellen Revolution zu suchen und zog in die Städte. Hinzu kamen die Krisen in der Landwirtschaft, wie die große Hungersnot von 1845-1848, die zur Landflucht beitrugen. Dadurch verschärften sich die Konfliktlinien zusehends, denn die Protestanten sahen plötzlich die Gefahr, dass ihnen katholische Arbeiter ihre Jobs wegnehmen könnten. Die Industrie nutzte dieses Konkurrenzverhalten aus, um das Lohnniveau zu drücken, denn die Katholiken waren aus ihrer Not heraus auch bereit die schlechtesten Arbeiten anzunehmen. Diese „discrimination in employment" wurde noch weit bis ins 20. Jahrhundert betrieben. Bedingt dadurch entwickelte sich ein städtisches Proletariat, in dem sich die vertikale Spaltung der Gesellschaft verstärkt bemerkbar machte.[194] Sogenannte „trial areas" entstanden, Wohnviertel in denen viele Arbeiter unter katastrophalen Bedingungen leben mussten, wobei die katholischen

---

[191] Stadler, Klaus: Nordirland, S.58f.
[192] Breuer, Manfred: Nordirland, S.91.
[193] Stadler, Klaus: Nordirland, S.61.
[194] Stadler: a.a.O., S.62.

noch erbärmlicher waren, als die der Protestanten. Sie haben heute teilweise noch Bestand und damals wie jetzt kommt es an ihren Grenzen immer wieder zu gewalttätigen Auseinandersetzungen zwischen den jeweiligen Bevölkerungsgruppen.[195]

Auch nach der Teilung Irlands beherrschten die Unionisten weitgehend mit einem überdurchschnittlich hohen Anteil die Arbeitswelt in Nordirland. Ein Faktor, der nicht gerade zu einem friedlichen Zusammenleben mit den Konfliktparteien führte, hinzu kam das Problem der besonders hohen und konstanten Arbeitslosigkeit, die hier stärker als in jedem anderen Teil Großbritanniens vorhanden war. Von diesem Problem waren hauptsächlich die Katholiken betroffen. Zwar siedelte die nordirische Regierung seit Ende des II. Weltkrieges neue Industrien an, dies jedoch nur in bereits gut entwickelten Räumen, wodurch das bestehende Ungleichgewicht in der Arbeitsplatzvergabe weiter forciert wurde. Es lässt sich also in diesem Zusammenhang sehr wohl von einer Diskriminierung sprechen, da Stormont in den Problemgebieten nicht für ausreichende Beschäftigungsmöglichkeiten sorgte.[196]

Aus dem Entwicklungsprogramm der nordirischen Regierung lässt sich für den Zeitraum von 1964-1969 entnehmen, dass im Gebiet östlich des Bann 24.322 (66,4%) neue Arbeitsplätze eingerichtet wurden, westlich hingegen nur 12.306 (33,6%). Diese Maßnahmen reichten allerdings nicht aus, um eine positive Veränderung des Arbeitsmarktes zu erreichen. Der 1969 veröffentlichte Bericht des „Northern Ireland Economic Council" deckte auf, dass auch in Zukunft weitere diskriminierende Maßnahmen getroffen werden sollten. Es war nämlich geplant die insgesamt sechs Grafschaften Nordirlands in zwei Regionen aufzuteilen, die östlich und westlich des Banns liegen sollten. Für die größeren Städte um Belfast legte die Regierung einen Populationszuwachs von 103% fest, für die größeren Zentren auf der anderen Seite jedoch nur einen von 41%, wobei dieser Zuwachs zur Hälfte der unionistischen Stadt Coleraine zugutekommen sollte, die dadurch zur politischen Rivalin des benachbarten katholischen Derrys werden sollte.[197] Wirtschaftlich gesehen hätte diese Maßnahme eine weitere Verbesserung für die bereits gut entwickelten Gebiete Nordirlands bedeutet. Doch nicht nur in diesem Bereich trat eine konfliktfördernde Diskriminierung ein. Katholiken war es nicht gestattet - beziehungsweise durch ihre schlechtere Schulbildung nicht möglich - in höheren Ämtern arbeiten zu können. Für das Jahr 1959 ermittelten BARRITT und CARTER, dass nur 6% der Katholiken Stellen im höheren öffentlichen Dienst bekleideten, bis 1968 erhöhte sich dieser Anteil um nur 1%. Auch im lokalen Bereich ließ sich diese ungleiche Verteilung deutlich erkennen, denn in den Gemeindeverwaltungen war es üblich die Ämter über eine Art Netzwerk zu vergeben,

---
[195] Breuer, Manfred: Nordirland, S.92.
[196] Hermle, Reinhard: Der Konflikt in Nordirland, S.143f.
[197] Hermle: a.a.O., S.144f.

natürlich zu Lasten der katholischen Minderheit, da diese ja unterrepräsentiert war. 1968 waren daher auch nur 30% des in der Stadtverwaltung Londonderrys beschäftigten Personals Katholiken. Auch der Cameron-Bericht bestätigte die Diskriminierung der katholischen Bevölkerung im ökonomischen Bereich:

> „Complaints, now well documented in fact of discrimination in the making of local government opportunities, at all levels but especially in senior posts, to the prejudice of non-Unionists and especially Catholic members of the community, in some Unionist controlled authorities."[198]

Doch nicht nur im öffentlichen Bereich kam es zu Diskriminierung der katholischen Minderheit, auch der private Sektor war davon geprägt. So waren beispielsweise bei der Schiffswerft Harland Wolff in Belfast von knapp 10.000 Angestellten nur 500 katholischen Glaubens. HERMLE konstatiert dazu, dass es in diesem Zusammenhang leider keine genauen Angaben zur konfessionellen Homogenität gibt, aber es ist davon auszugehen, dass insbesondere kleinere Firmen und Betriebe, wie der Einzelhandel, Handwerksbetriebe und mittelständische Unternehmen auf die konfessionelle Gleichgesinnung unter ihren Arbeitnehmern achteten.[199] Auch BARRITT und CARTER untersuchten die Privatwirtschaft auf diesen Aspekt hin und kamen zu folgender Ansicht:

1. Man beschäftigt nur Angehörige der eignen Konfession. Dies ist besonders in kleinen Unternehmen, wie z.B. im Einzelhandel üblich, um die Kunden zu erhalten.
2. Protestantische Unternehmen beschäftigen Katholiken in untergeordneten Stellungen.
3. Man beschäftigt beide Konfessionen, aber nur in getrennten Abteilungen.
4. Man diskriminiert nicht.[200]

Zu Punkt drei und vier zählen hauptsächlich britische oder internationale Firmen, die grundsätzlich Arbeiter beider Konfessionen beschäftigten. Dennoch waren Katholiken selten in den besseren oder führenden Positionen vertreten, was u.a. mit der schlechteren Schul- und Berufsausbildung in Zusammenhang stand. Daraus ergab sich zwangsläufig, dass sich auch mehr Katholiken mit einem niedrigeren Einkommen abfinden mussten, allerdings, so stellt HERMLE fest, waren bedingt durch das Populationsverhältnis mehr Protestanten als Katholiken arbeitslos, ebenso war die Zahl der reicheren Protestanten größer. Allgemein verdienten Protestanten mit qualifizierten Berufsabschlüssen deutlich

---

[198] Vgl.: Hermle, Reinhard: Der Konflikt in Nordirland, S.145.
[199] Hermle, Reinhard: Der Konflikt in Nordirland, S.146.
[200] Hermle: a.a.O., S.171.

mehr als gleich qualifizierte Katholiken, der Differenz-Index belief sich hier auf 18%.[201] Im Bezug auf das Arbeitsverhältnis darf nicht außer Acht gelassen werden, dass Katholiken durch ihre durchaus schlechteren Startbedingungen nur in den seltensten Fällen die Möglichkeit hatten in höheren und dadurch qualifizierten Bereichen zu arbeiten. Daher ergab sich auf die Gesamtpopulation gesehen ein Einkommensverhältnis, welches zugunsten der Protestanten ausfiel. HERMLE führt abschließend zu dieser Konfliktlinie an, dass ohne Zweifel protestantische Arbeiter besser verdienten als katholische. Da seiner Meinung nach aber die Einkommensunterschiede sehr gering waren, zeigt sich, auf welch schwachem materiellem Fundament das Bewusstsein des „Priviligiert-Seins" eigentlich beruhte. Sie ist gleichzeitig ein starkes Indiz gegen eine ökonomische Interpretation des Konfliktes als eines Kampfes von Arm gegen Reich. Vielmehr handelt es sich um den Gegensatz zweier in ähnlicher Weise benachteiligter Gruppen, von denen eine die objektiv stärkere Benachteiligung, der sie unterlief, intensiver wahrnimmt.[202] Gegen diese Annahme spricht aber eindeutig, dass die Unionisten das Gesellschaftsleben wie auch die Arbeitswelt mit einem überdurchschnittlichen Anteil beherrschten und auch die Arbeitslosigkeit zusätzlich ein konstantes Problem der nordirischen Wirtschaft darstellte. Auch wenn die Arbeitslosenquote einen höheren Anteil unter der protestantischen Bevölkerung aufwies, so zeigte sie im Bereich der konfessionellen Unterscheidung einen höheren Anteil unter den Katholiken. Rose stellte aufgrund einer Repräsentativumfrage fest, dass zwei Drittel der Arbeitslosen Katholiken waren. Gestützt wurden diese Zahlen durch BARRITT und CARTER, die neben der konfessionellen Diskriminierung auf dem Arbeitsmarkt die Benachteiligung bestimmter Regionen hervorhoben. Während nämlich Derry, Strabane, Newcastle und Newry eine Arbeitslosenquote von 14%-17% aufwiesen, lag sie in Städten mit protestantischem Übergewicht bei 2%-5%, so beispielsweise in Nord-Ost Ulster.[203] Sogar das nordirische Finanzministerium gab bekannt, dass 28% der katholischen Erwerbspersonen, aber nur 13% der protestantischen als arbeitslos gemeldet waren.[204] Die wirtschaftliche Diskriminierung ist somit zweifelsohne eine der Konfliktursachen und mit Klaus STADLER lässt sich resümieren:

„Der hohe Anteil der Katholiken an der Arbeitslosenquote und an der Zahl der Emigranten, beides gesehen im Verhältnis zu ihrem Anteil an der Gesamtbevölkerung, ist ein klares Indiz für ihren schlechteren sozialen und ökonomischen Status..."[205]

---

[201] Hermle, Reinhard: Der Konflikt in Nordirland, S.146.
[202] Hermle: a.a.O., S.147.
[203] Rapp, Michael: Nordirland am Scheideweg, S.31f.
[204] Rapp, Michael: Nordirland am Scheideweg, S.32
[205] Stadler, Klaus: Nordirland, S.168f.

4.5 Die soziale Benachteiligung als Konfliktursache

Mit der wirtschaftlichen Diskriminierung hängt die soziale Benachteiligung, also die Verweigerung von Ansehen und Prestige, eng zusammen. Da die Katholiken über geringere materielle Ressourcen verfügten, mussten sie auch wesentliche Symbole sozialer Anerkennung und Respektabilität entbehren. Hinzu kam, dass die protestantische Mehrheit ihre Position durch eine Ideologie der Überlegenheit überhöhte und ihren Besitz sowie ihre Normvorstellungen zum allgemein gültigen Maßstab erhob. Darin fanden sie ihre soziale Identität, die organisatorisch vor allem im Orange Order verkörpert wurde, denn hier befriedigte der unionistische Protestant nicht nur seine individuellen Bedürfnisse nach Gemeinsamkeiten und Schutz, sondern es kam auch zu einer Verschmelzung der Interessen zwischen protestantischen Arbeitern und dem unionistischen Establishment, wodurch, so HERMLE, die Exklusivität als Kern des protestantisch-unionistischen Herrschaftsverständnisses zu ihrer reinsten Form gelangte. Doch da den Protestanten ihre Überlegenheit aufgrund der größeren Zahl nicht genügte, entwickelten sie zusätzlich eine abwertende Einstellung gegenüber den Katholiken. Selbstverstandenes protestantisches Besser-Sein implizierte katholisches Schlechter-Sein. Anständigkeit, Loyalität, Sauberkeit, Fleiß und Disziplin wurden zu dominierenden Werten, die die protestantische Majorität für sich reklamierte und der Minorität absprach. Dabei muss bedacht werden, dass es den Katholiken aufgrund ihrer ökonomischen Lage kaum möglich war den gleichen Status zu erreichen, den die Protestanten als Maßstab bezeichneten. Vielmehr beschuldigten sie die Katholiken der Unfähigkeit und Faulheit. Sie hielten ihnen vor, sie schmarotzten an den Segnungen des Wohlfahrtsstaats herum, ohne entsprechende Gegenleistungen zu erbringen, seien schmutzig und würden stinken. Zudem unterlag ihr Kinderreichtum sozialdiskriminierenden Einschätzungen.[206]

4.6 Der Faktor Segregation als Ursache

Die bisher angeführten Konfliktursachen der Unruhen in Nordirland wären nicht vollständig, würde der Faktor der Segregation nicht aufgeführt. Ganz allgemein versteht man unter der Segregation die Absonderung einer Menschengruppe aus gesellschaftlichen, eigentumsrechtlichen oder räumlichen Gründen.[207] Häufiges Beispiel ist die soziale Segregation der Bevölkerung. Sie kann in allen größeren Städten beobachtet werden, da dort bezüglich Einkommen, Ethnizität oder Religion sehr unterschiedliche Bevölkerungsgruppen zusammenleben. Bereits im europäischen Mittelalter ließen sich deutliche Anzeichen sozialer Segregation erkennen. Während der Adel und reiche Kaufleute im

---

[206] Hermle, Reinhard: Der Konflikt in Nordirland, S.147.
[207] Rapp, Michael: Nordirland am Scheideweg, S.36.

Zentrum der Städte residierten, existierten außerhalb der städtischen Zentren deutlich abgegrenzte Wohnviertel beispielsweise für Handwerker. Benachteiligte Gruppen lebten häufig in ghettoähnlichen Gebieten. Aber nicht nur dort fand ein sozialer Segregationsprozess statt, sondern auch in den Städten der außereuropäischen, vorkapitalistischen Kulturen. Hier entstanden zentrale Wohnstandorte der statushöchsten Gruppen und Viertelbildung nach Kasten- oder Religionszugehörigkeit. Untersuchungen haben ergeben, dass die heutige räumliche Segregation der städtischen Wohnbevölkerung durch drei Faktoren vollzogen wurde. Zum einen durch soziale Schichtzugehörigkeit, sprich durch Einkommen und Bildungsstand, dann durch die Stellung im Familienzyklus und schließlich durch die ethnisch-kulturelle Zugehörigkeit, wie also Rasse, Nationalität, Religion und Sprache. Hamm spricht in diesem Zusammenhang davon, dass die räumliche Segregation ausgeprägter ist, je größer die soziale Distanz zwischen zwei Gruppen ist.[208] Eng damit verbunden ist das Merkmal der Präferenz. Das heißt, dass bestimmte Personen nur mit Menschen zusammenleben möchten, die ihnen ähnlich sind.[209] Im Falle von Nordirland würde dies pauschalisiert bedeuten, dass nur die protestantischen Gruppen untereinander leben möchten, ebenso wie die katholische Bevölkerung unter Ihresgleichen bleiben möchte. Ob dies nun im Einzelfall stimmt, sei dahingestellt, im Allgemeinen kann man aber davon ausgehen. Dadurch werden außerdem Konflikte über unterschiedliche Lebensstile und –weisen weitgehend verhindert.[210] In Ulster erfolgte die Segregation nach konfessionellen Merkmalen, die mit den bereits angesprochenen sozio-ökonomischen wie auch ethnischen zusammenfielen.[211] Nach Johannes KANDEL waren die Segregation und die damit im Zusammenhang stehende Diskriminierung alltägliche Lebenserfahrungen der katholischen Minderheit,[212] wobei die Trennung wichtiger Lebensbereiche und Sozialisationsinstitutionen, die sich seit Anbeginn der „Plantation" entwickelt hat und durch die unionistische Politik seit 1920 zusätzlich verschärft wurde, zur Abkapselung beider Konfessionsgruppen in zwei unterschiedliche Rassen geführt hat.[213] Hamm fügt hinzu, dass gerade die soziale Segregation von Minderheiten, also den Katholiken Nordirlands, nachweisbar eine Folge sozialer Diskriminierung durch die Mehrheit ist.[214] Betrachtet man die soziale Segregation, so ist festzuhalten, dass die Mitglieder der einzelnen Konfessionsgruppen, von einigen kleineren interkonfessionellen Wohngebieten, wie z.B. der Malone Road im Universitätsviertel von Belfast, in separaten Wohngebieten lebten und teilweise bis

---

[208] Hamm, Bernd: Siedlungs-, Umwelt- und Planungssoziologie. Ökologische Soziologie Bd.2, Leske und Buderich Verlag, Opladen 1996, S.205f.
[209] Harth, Annette: Stadt und soziale Ungleichheit, Leske und Buderich Verlag, Opladen 2000, S. 177.
[210] Harth, Annette: Stadt und soziale Ungleichheit, S.177.
[211] Rapp, Michael: Nordirland am Scheideweg, S.36.
[212] Kandel, Johannes: Der Nordirland-Konflikt, S.106.
[213] Stadler, Klaus: Nordirland, S.144.
[214] Hamm, Bernd: Siedlungs-, Umwelt- und Planungssoziologie, S.209.

heute noch leben.[215] Wegweisend sind dafür die bereits erwähnten „trial areas". Die protestantische Bevölkerung ist hauptsächlich im Osten angesiedelt, wobei knapp zwei Drittel in der Nähe von Belfast leben[216], bedingt wird diese Tatsache durch die hohe Konzentration an Industrie östlich des Banns. Dabei hat nicht nur die Ansiedlung der Industrie im Osten Schuld an dieser Situation, es waren vielmehr die Politiker, die Nordirland in zwei konfessionell voneinander getrennte Bereiche aufteilen wollten. Ihre Parolen fruchteten und lösten eine Angst unter den beiden Bevölkerungsgruppen voreinander aus, wodurch in Ulster eine Art „tribal enmity" entstand. Somit kann man davon sprechen, dass die Ghettoisierung durch die unionistischen Politiker vorangetrieben wurde, denn zum einen waren die Katholiken gezwungen sich außerhalb der Städte anzusiedeln, zum anderen hatte die katholische Bevölkerung mangels politischen Einflusses keine Mitbestimmung bei der Wohnungsvergabe. Hinzu kam, dass die unionistischen Politiker die Wohnungsvergabe nicht nach Bedürfnissen regelten, sondern nach konfessioneller Zugehörigkeit.[217] Das beste Beispiel für diese mehr oder minder willkürliche Verteilung ereignete sich in Caledon/Co.Tyrone im Jahre 1968 und war, wie bereits unter Punkt 2.1 dargelegt, einer der Auslöser der ersten Bürgerrechtsdemonstrationen. Die Politik des Wohnungsbaus und der Wohnungsvergabe brachte mit sich, dass zwei Bevölkerungsgruppen entstanden, die wenig Interesse und ebenso wenig Verständnis für die Lebensweise, die Bedürfnisse, Sorgen und Bräuche der jeweils anderen Gruppe aufbrachten.[218] Noch im Jahre 2006 hat eine Umfrage des NILT in Ulster ergeben, dass nur 48% der Protestanten[219] und 50%[220] der Katholiken ziemlich gut über das Leben, die Traditionen und Bräuche der jeweils anderen Konfessionsgruppe informiert sind. Leider liegen keine Vergleichsdaten aus anderen Jahren vor, so dass man möglicherweise eine Veränderung hätte erkennen können. Auffällig ist aber, dass in dieser Studie, die seit 1999 betrieben wird, erst im Jahre 2006 das erste Mal die Frage nach dem Wissensstand über die andere Religion auftaucht. Daraus lässt sich entnehmen, dass die Bevölkerung vor dieser Zeit sehr wahrscheinlich noch nicht dazu bereit war, offen über die andere Konfession zu sprechen. Diese Unwissenheit ist natürlich ein wesentlicher Faktor, weshalb sich eine Annäherung zwischen den beiden Konfessionen als sehr schwierig erweist, denn Unwissenheit bringt bekanntlich Ablehnung mit sich.

Durch die konfessionell getrennten Wohnviertel und die damit verbundene Diskriminierung der hauptsächlich katholischen Minderheit, der aufgrund der unionistischen Politik keine

---

[215] Rapp, Michael: Nordirland am Scheideweg, S.37.
[216] Rapp: a.a.O., S.37.
[217] Rapp: a.a.O., S.39f.
[218] Stadler, Klaus: Nordirland, S.145.
[219] Vgl.: http://www.ark.ac.uk/nilt/2006/Community_Relations/CATHCULT.html, 24.03.2008, 16.35h.
[220] Vgl.: http://www.ark.ac.uk/nilt/2006/Community_Relations/PROTCULT.html, 24.03.2008, 16.37h.

privilegierten Wohnungen zugeteilt wurden, erwuchs unter anderem auch die starke Gewaltbereitschaft, die sowohl Kinder als auch Jugendlichen erfasste. Das vermehrte Gewaltpotential sowie die Unterstützung von Untergrundorganisationen ist eine eindeutige und als negativ zu bewertende Folge der sozialen Segregation, denn schon in frühsten Jahren lernen die Kinder sich im Ghetto zu verteidigen. Nach anfänglichen Auseinandersetzungen um die Vorherrschaft ging man später gemeinsam als konfessionelle Gruppe gegen ein Ghetto von anderer Religionszugehörigkeit vor. Tagelange, blutige Schlachten waren die Folge. Die sogenannten „sectarian riots", die für die Anfangsphase des Konfliktgeschehens typisch waren, haben im Norden Irlands eine lange Tradition. Beispiele wie die Kämpfe an den Ghettogrenzen von „Falls Road" und „Shankill Road" in Belfast sowie die von der „Bogside" und „Waterside" in Londonderry sind charakteristisch für die Trennung von protestantischen und katholischen Wohnvierteln in den Städten, doch auch im ländlichen Bereich ist dieses Phänomen bekannt. Interessant dabei ist, dass hier die Konfession an erster Stelle stand. Bei den erbärmlichen Lebensbedingungen in den Ghettos hätte man annehmen können, dass sich gleich unterprivilegierte Siedlungen gegen das an ihnen verübte Unrecht zusammentun und aufbegehren, stattdessen bekämpften sie sich aufgrund ihrer Religionszugehörigkeit.

Die Tatsache, dass sich die Viertel um Kirchen und Schulen als kulturelle Zentren bildeten, ließ auch das nordirische Schulsystem zu einem Faktor der Segregation wie auch Diskriminierung werden.[221] In diesem Fall trägt die katholische Kirche einen großen Teil der Schuld, denn sie war es, die verbissen am Konfessionsschulsystem festhielt, da sie um ihren erzieherischen Einfluss auf die Kinder in staatlichen Schulen fürchtete.[222] Heute, im Jahre 2008, gibt es zahlreiche interkonfessionelle Schulen, dennoch schrecken gerade viele katholische Eltern aus Angst davor zurück, ihre Kinder auf integrierte Schulen zu schicken, da sie Repressalien in ihren Wohngebieten befürchten oder den Ausschluss aus der „eigenen Gemeinschaft". Das konfessionell getrennte Schulsystem setzt natürlich auch eine getrennte Lehrerausbildung voraus. Im Jahre 1960 studierten am Stranmill's College in Belfast zwei Katholiken und 955 protestantische Studenten, dahingegen waren die 509 Studenten des St. Mary's Training College allesamt katholisch. Doch hauptsächlich absolvierten katholische Lehrer ihr Studium in der Republik Irland und kamen danach erst in den Norden.[223] Der Versuch Vergleichszahlen zu erhalten, scheiterte, da sich niemand kooperativ zeigte. Die soziale Abgrenzung zeigt sich aber nicht nur im Bau von konfessionell getrennten Wohnvierteln, Einkaufszentren, Sportvereinen oder getrennten Schulen, sie war stattdessen in allen erdenklichen Lebensbereichen vorhanden. So heiratete

---

[221] Stadler, Klaus: Nordirland, S.146.
[222] Rapp, Michael: Nordirland am Scheideweg, S.40.
[223] Stadler, Klaus: Nordirland, S.152.

man nur in der eigenen Gemeinschaft, man konsultierte nur Ärzte oder Anwälte seiner Konfession. Hinzu kam, dass die Katholiken (bis heute) die irische Kultur, besonders die gälische Sprache und gälische Sportarten pflegten, wohingegen die Protestanten an ihren „Orange marches" festhalten, die den Sieg Williams am Boyne verherrlichen sollen. Bedingt dadurch und durch das Verbot die irische Nationalhymne zu singen oder die irische Fahne zu hissen, sehen sich die Katholiken bedroht.[224]

---

[224] Rapp, Michael: Nordirland am Scheideweg, S.40.

5. SCHLUSSBEMERKUNG

> Zwischen Siegern und Besiegten kann es keine erfolgreiche Koalition geben.
> Cornelius Tacitus (röm. Historiker, 55-120 n.Chr.)[225]

Die Innenstadt Belfasts mutet heute moderner an als viele Teile Londons, Manchesters oder Briminghams. Vieles, was die Bomben zerstörten, wurde wieder aufgebaut. Auch die katholischen und protestantischen Wohnviertel sind längst keine dreckigen und unsicheren Ghettos mehr. Stattdessen reihen sich hier nun schmucke Wohnblöcke aneinander, die zu den besten städtischen Wohnangeboten in ganz Großbritannien gehören.[226]

Das war nicht immer so.

Es war ein langer und harter Weg vom ersten friedlichen Protestmarsch der Bürgerrechtsbewegung NICRA im Jahre 1968 bis zum Waffenstillstand von 1994, der die Voraussetzung für die Erschaffung eines neuen Stadtbildes war. Doch Frieden herrscht dort, wo vor 40 Jahren Unionisten die Protestmärsche der Nationalisten gewaltsam niederschlugen, immer noch nicht. Darüber kann auch kein topmodernes Stadtbild hinwegtäuschen. Nicht nur der einleitende Zeitungsartikel macht dies in aller Deutlichkeit klar. Ist der Frieden vielleicht einzig und allein für die Tourismusindustrie? Dafür spricht zumindest ein Vergleich der Tourismuszahlen im Zeitraum zwischen Januar und Juni 1995, indem ein Anstieg von 53% im Vergleich zum selben Zeitraum des Vorjahres zu verzeichnen war.[227]

Im Verlauf dieser Untersuchung zeigte sich, dass die Eskalation von 1968 bis 1972 keine plötzliche und unvorhersehbare Erscheinung des 20. Jahrhunderts war. Vielmehr liegen die Wurzeln dafür weit in der 840-jährigen irisch-britischen Vergangenheit, im Zusammenprall zweier Nationen, die um Macht und Territorium kämpften, so wie es David McKITTRICK ausdrückt. Im politischen Kampf um die Oberherrschaft, der durch Diskriminierungen auf konfessioneller, ethnischer und sozio-ökonomischer Ebene ausgetragen wird. Die Auswirkungen sind auch heute noch spürbar, denn immer noch stehen sich diese beiden unterschiedlichen Kultursysteme gegenüber. Geprägt von einem Jahrhunderte andauernden Kampf sitzt die historische Verpflichtung der nordirischen Protestanten die Hegemonialstellung zu halten zu tief, ebenso wie die der Katholiken sich gegen die Kolonialmacht zu behaupten, als dass eine Annäherung in greifbare Nähe rücken könnte. Es ist fraglich, ob die dafür von Hans RAATZ ausgemachte Ursache wirklich in der angeblich fehlenden gesellschaftlichen und politischen Identität der katholischen Bevölkerung zu finden ist.[228]

---

[225] http://www.bk-luebeck.eu/zitate-tacitus.html, 13.02.2008, 17.56.
[226] Manasian, David: Friedlicher, aber ärmer?, S.18 in: Die Zeitung der neuen Zürcher Zeitung: Nordirland, Nr.3/1996, S.17-20.
[227] Manasian: a.a.O., S.17.
[228] Raatz, Hans: Der Nordirland-Konflikt und die britische Nordirland-Politik seit 1968, S.211.

Die Gründe hierfür sind vielschichtiger. Ja, man kann sogar davon sprechen, dass sie ebenso verworren sind, wie der gesamte Konflikt. Ein Faktor ist sicherlich der über Generationen vererbte Hass gegenüber der anderen Bevölkerungsgruppe, das fehlende Vertrauen und der Mut aufeinander zu zugehen, Vorurteile, die falsche Auffassung von Gerechtigkeit sowie Angst. Besonders auf der katholischen Seite. Angst, noch einmal die Opfer dessen zu werden, was „britische Justiz" genannt wird, so Henry ROBINSON.[229] Hinzu kommt „das Gefühl, Gefangene im eigenen Land zu sein [...]."[230]

Eingangs kam die Frage auf, inwieweit die irisch-katholische Bevölkerung Schuld hat an den gewalttätigen Auseinandersetzungen und ihrer unterdrückten Lage. Warum wehrten sie sich nicht gegen die Kolonialherren und die spätere Diskriminierung? Auch abschließend lässt sich diese Frage nicht eindeutig beantworten. Fest steht, dass sich die bald schon als katholisch stigmatisierte Bevölkerung sehr wohl gegen die Fremdherrschaft und die politische, soziale und ökonomische Diskriminierung zur Wehr setzte, davon zeugen sowohl blutige Aufstände und Rebellionen, wie der „Nine Years War", die Rebellion von 1641 oder der „Wilimatie War", ebenso wie der „Civil War" von 1919-21. Fest steht aber auch, dass die herrschende Oberschicht mit Hilfe Westminsters immer wieder Mittel und Wege fand die Diskriminierung zu verschärfen, man denke dabei nur an die Maßnahmen gegen die Katholikenschwemme. Gezwungen von der englischen Bevölkerung arbeitete die britische Krone schließlich Hand in Hand mit der „Protestant Ascendancy", um die katholischen Iren weiterhin zu unterdrücken. Die Teilung war eine dieser Folgen. Dabei zeigte sich aber auch, dass die konfessionelle Diskriminierung anfänglich weniger mit dem Glauben an sich im Zusammenhang stand, sondern als ein Mittel politischer Disziplinierung diente. Schließlich, so die herrschende Oberschicht, stand es jedem katholischen Iren frei zu konvertieren, um somit seine Loyalität gegenüber der britischen Krone zu beweisen und ihre Vorzüge zu genießen.

Doch nach der Teilung in den 1920er Jahren verschärfte sich das Spiel mit den religiösen Unterschieden und zog mit dem Einzug des „Orange Order" in die Politik weitere Kreise. Insbesondere nach der ersten Welle der Eskalation, sprich nach 1972, kristallisierte sich im protestantischen Lager eine religiös-politische Komponente heraus, die sich in der OUP und der DUP zeigte. Die dominanteste Figur des protestantischen Kirchenlebens wurde Ian Paisley, Demagoge und Führer der DUP, der spätestens seit den Europawahlen 1979 zum Führer des protestantisch-loyalistischen Lagers avancierte. Mit der Gründung seiner „Freien Presbyterianischen Kirche" stellt er die Personifikation der Verbindung Politik und Religion

---

[229] Zitiert nach: Bittner, Jochen/Knoll. Christian: Ein unperfekter Frieden, S.125.
[230] Zitiert nach: Bittner, Jochen/Knoll, Christian: Ein unperfekter Frieden, S.126.

schlechthin dar.[231] Sind daher die Briten und die protestantischen Iren durch ihre Machtbesessenheit bösartig?

Der Schweizer Psychologe Professor Willy PASINI beschreibt die Bösartigkeit als ein breites Feld von Faktoren, die von einer beiläufigen Kränkung über Verhöhnung bis zu Mord und Totschlag, aufweist. Sie äußert sich in Wut, Hass, Eifersucht, Machtgier und Neid, die nach der Tat in Erleichterung übergehen kann. Auch existenzielle Ängste können bösartige Verhaltensweisen hervorrufen und der Schutzmechanismus des Überlebens wird aktiviert.[232] Handelten die Invasoren und ihre Nachfahren also instinktiv bösartig? Wenn dem so ist, dann müssen aber auch die katholischen Iren bösartig im Sinne von Professor PASINI sein, denn die Schuld für die voranschreitende Eskalation, insbesondere ab den 1970er Jahren, liegt nicht allein auf Seiten der Protestanten, der Regierung und der protestantischen Kirche. Dabei sollen die grausamen Verbrechen der Protestanten weder beschönigt noch verharmlost werden, vielmehr geht es darum zu zeigen, dass sich die katholische Seite ebenso kompromissbereit zeigte, als es Zeit war einzulenken, um Schlimmeres abzuwenden. Besonders im Erziehungswesen beharrt die irisch-katholische Kirche bis heute auf die Segregation katholischer Kinder von protestantischen. Deutlich wurde diese Haltung in der Weigerung des ehemaligen Bischofs von Down und Conner, katholische Kinder zu firmen, die keine katholische Schule besucht hatten. Auch die Warnung von Soziologen, dass Konfessionsschulen dazu beitragen, Unwissenheit und Streit zwischen den Bevölkerungsgruppen heraufbeschwören, Integrationsschulen jedoch zur gegenseitigen Achtung, zum Verständnis und zur Versöhnung führen würden, blieb in der Kurienkongregation ebenso ungehört wie in den verantwortlichen Kreisen der katholischen Kirche Irlands.[233]

Führte Großbritannien bis zur Gründung Nordirlands noch die Geschicke der Provinz Ulster, so bekam sie nach der Teilung den Sonderstatus einer Autonomie und ging erst 1972 wieder in die Obhut Westminsters. Im Hinblick darauf ist es zweifelhaft, ob Großbritannien wirklich von den Geschehnissen in Ulster in Kenntnis gesetzt wurde, noch davon aus Eigenantrieb erfahren konnte. Schenkt man dem ehemaligen britischen Innenminister James Callaghan Glauben, so schaffte es die irische Regierung jegliche Einmischung Westminsters frühzeitig abzublocken. Anderseits ließe sich argumentieren, dass die Briten davon hätten ausgehen können, dass die einmal von ihnen begonnene Unterdrückungspolitik, wenn auch nur unter dem Aspekt der Gewohnheit, von den nachfolgenden protestantischen Regierungen weiterbetrieben wurde. Gegen diese Annahme spricht allerdings der von der

---

[231] Rapp, Michael: Nordirland am Scheideweg, S.26.
[232] Wanner-Müller: Franziska: Warum sind wir bösartig? Interview mit Willy Pasini, S.66f., in: Die Zeitung der neuen Zürcher Zeitung: Nordirland, Nr.3/1996, S.66-67.
[233] Rapp, Michael: Nordirland am Scheideweg, S.26.

britischen Regierung in Auftrag gegebene Cameron-Report, der die bis heute immer noch eindeutig schlechtere Lage der Katholiken sowie die an ihnen verübten Repressalien bestätigt, ebenso wie das mehrfache Eingreifen Londons in die Regierungsgeschicke Nordirlands. Doch auch hier können Kritiker anführen, dass dies alles nur aufgrund des plötzlichen weltweiten Interesses geschah. Wären an diesem besagten 5. Oktober 1968 keine Fernsehkameras vor Ort gewesen, hätte die Welt nie vom „Bloody Sunday" oder den Todesopfern durch Hungerstreiks in den H-Blocks an der Peripherie Europas erfahren. Aus diesem Grund hätte sich Großbritannien auch nie genötigt gesehen jemals in das Geschehen einzugreifen.

Es scheint, als sei Irlands Schicksal von jeher durch zwei Seiten der Geschichte geprägt. Auch dies ist bis heute noch ein Hauptfaktor dafür, dass es keinen endgültigen Frieden gibt. Solange es zwei verschiedene und zugleich verzerrte Versionen der eigenen Geschichte gibt, solange kleine Kinder glauben, Oliver Cromwell treibt noch heute sein Unwesen und in ihrer Einfältigkeit davon ausgehen, dass nur Personen ihrer eigenen Gemeinschaft in Nordirland geboren werden, solange die „Murals" das Geschehene unvergessen machen und die Stadtbilder prägen und keine Vorstellung von Demokratie herrscht, solange wird es keinen endgültigen Frieden geben. Solange werden die Ereignisse der Vergangenheit allgegenwärtig sein.

Auch die Lösungsversuche und –modelle, auf politischer Ebene, wie das Assembly von 1973-74, die Sunnungdale Conference, die Constitutional Convention 1975-76 oder das „Anglo-Irish Agreement", um nur einige aufzuzählen, scheiterten[234] ebenso wie die Versuche durch Vereinigungen wie die „Fair Employment Agency" (FEA) oder die „Fair Employment Comission" (FEC) von 1990 die religiöse Diskriminierung am Arbeitsplatz und im Alltagsleben einzudämmen.[235] Lediglich die „Downing Street Declaration" 1993 schien einer Lösung nahe zu kommen.[236] Sogar die Kirche suchte nach Antworten für ein friedliches Zusammenleben. Doch bedingt durch ihre Verstrickung in den Konflikt und ihre Anhänger, war es umso schwerer den „Troubles" die religiöse Basis zu entziehen. Zudem forcierten dominante Persönlichkeiten wie Ian Paisley die Lage zusätzlich. Hinzu kommen heute wie damals Gruppierungen wie die Sinn Féin und die IRA, die massiv am politischen Geschehen beteiligt sind und zum anderen die amerikanischen Iren, die mit Millionen von Dollar den Kampf der Katholiken gegen die Protestanten unterstützen. Auch die bereits häufig besprochenen Möglichkeiten, Nordirland vom britischen Mutterland zu lösen, wogegen sich London jedoch zur Wehr setzt, aus Gründen, die kaum verständlich sind, würden keinen Frieden bringen, ebenso wenig wie die erneute Teilung Nordirlands in einen

---

[234] Breuer, Manfred: Nordirland, S.52ff.
[235] Breuer: a.a.O., S.95f.
[236] Breuer: a.a.O., S.53.

protestantischen Teil und einen katholischen. Ähnlich verhält es sich mit einer Vereinigung zu einem gesamtirischen Staat. Ein derartiger Zusammenschluss würde für die beiden irischen Teile die gleichen ökonomischen und sozialen Risiken bergen, die für Deutschland der Zusammenschluss mit der ehemaligen DDR barg. Eine sinkende Wirtschaft, Arbeitslosigkeit, schlechtere Lebensbedingungen in manchen Teilen Irlands würden zwangsläufig eine neue Angriffsfläche für den immer noch schwelenden Konflikt bieten. Hinzu käme das Problem der unterschiedlich entwickelten Bevölkerungsgruppen des Nordens und Südens, mit unterschiedlichen Erwartungshaltungen und Vorstellungen. Ob diese Erwartungen, insbesondere der katholischen Nordiren erfüllt werden könnten, ist fraglich.

Von einer Patentlösung für das nordirische Problem ist man heute im Grunde ebenso weit entfernt wie vor 40 Jahren.

Hinzu kommt: *„viele junge Nordiren [...] haben keine Vorstellung davon, wie sehr in ihrem Land bis heute andere Maßstäbe gelten als im Rest von Westeuropa. Die Nachkriegsgeneration muss in Nordirland erst noch geboren werden."*[237]

Solange diese nicht vorhanden ist, werden die Waffen in Nordirland nicht schweigen. Sollte also Cornelius Tacitus mit seiner Aussage Recht behalten?

---

[237] Zitiert nach: Bittner, Jochen/Knoll, Christian: Ein unperfekter Frieden, S.124.

6. QUELLENVERZEICHNIS

ALIOTH, Martin: Irlands Krankengeschichte. In: NZZ Folio. Die Zeitung der neuen Zürcher Zeitung: Nordirland, Nr.3/1996, S.6-12

BECK, Rudolf: Handbuch der britischen Kulturgeschichte. Daten, Fakten, Hintergründe von der römischen Eroberung bis zur Gegenwart, Wilhelm Fink Verlag, Paderborn 2006

BECKETT, James Camlin: Geschichte Irland, 4., erweiterte Auflage, Alfred Kröner Verlag, Bd. 419, Stuttgart 1997

BITTNER, Jochen und KNOLL, Christian Ludwig: Ein unperfekter Frieden. Die IRA auf dem Weg vom Mythos zur Mafia, R.G. Fischer Verlag, Frankfurt/Main 2000

BREUER, Manfred: Nordirland. Eine Konfliktanalyse, Heidelberger Studien zur internationalen Politik. Hrsg. Frank R. Pfetch, Bd.6, Lit Verlag, Münster 1994

ELVERT, Jürgen: Geschichte Irlands, Deutscher Taschenbuch Verlag, München 1993

HAMM, Bernd: Siedlungs-, Umwelt- und Planungssoziologie. Ökologische Soziologie Bd.2, Leske und Buderich Verlag, Opladen 1996

HARTH, Annette: Stadt und soziale Ungleichheit, Leske und Buderich Verlag, Opladen 2000

HARTMANN, Jürgen: Westliche Regierungssysteme. Parlamentarismus, präsidentielles und semi-päsidentielles Regierungssytsem, 2. Auflage, Grundwissen Politik Bd. 29, VS Verlag für Sozialwissenschaften, Wiesbaden 2005

HERMLE, Reinhard: Der Konflikt in Nordirland. Ursachen, Ausbruch und Entwicklung unter besonderer Berücksichtigung des Zeitraums 1963-1972. Eine Fallstudie zum Problem innergesellschaftlicher politischer Gewalt, Entwicklung und Frieden, wissenschaftliche reihe 19 hrsg. Von der Wissenschaftlichen Kommission des Katholischen Arbeitskreises Entwicklung und Frieden, Kaiser Verlag, München 1979

HERZ, Dietmar: Frieden und Stabilität. Die Nordirlandpolitik der Republik Irland 1969-1987. Arbeitskreis Deutsche England-Forschung, Studienverlag Dr. N. Brockmeyer, Bochum 1989

KANDEL, Johannes: Der Nordirland-Konflikt. Von seinen histroischen Wurzeln bis zur Gegenwart, Hrsg. Dieter Dowe, Michael Schneider, Historisches Forschungszentrum der Friedrich-Ebert-Stiftung, Reihe: Politik- und Gesellschaftsgeschichte, Bd.69, J.H.W. Dietz Nachf. GmbH, Bonn 2005

KNOLL, Christian Ludwig (Hrsg.): Nordirland auf dem Weg ins 21. Jahrhundert, Nordthor Verlag, Norderstedt o.J.

KRUSE, Christiane: Der Nordirlandkonflikt im Focus journalistischer Schemata. Eine Analyse der Berichterstattung ausländischer Tageszeitungen unterschiedlicher Distanz, Beiträge zur Kommunikationstheorie Bd.1, hrsg. Joachim Westerbarkey, Lit Verlag, Münster 1993

MANASIAN, David: Friedlicher, aber ärmer? In: NZZ Folio. Die Zeitschrift der neuen Zürcher Zeitung, Nr.3/1996, S.17-20

MAURER, Michael: Kleine Geschichte Irlands, Philipp Reclam jun., Stuttgart 1998

McKITTRICK, David: Making sense of the troubles, Penguin Books, London, England 2001

MORRISON, Danny: Troubles. Eine politische Einführung in die Geschichte Nordirlands, 1. Auflage, Unrast-Verlag, Münster 1997

MÜLLER, Michael: Zwischen kultureller Tradition und politischer Ressource. Der Kampf um die Märsche in Nordirland, Arbeitspapier 4/99 der Forschungsstelle Kriege, Rüstung und Entwicklung, Universität Hamburg 1999

NOHLEN, Dieter (Hrsg.): Lexikon der Politikwissenschaft. Theorien, Methoden, Begriffe. Bd. 1 A-M, C.H. Beck Verlag, München 2002

OTTO, Frank: Der Nordirlandkonflikt. Ursprung, Verlauf, Perspektiven, Beck'sche Reihe, Verlag, C.H. Beck, München 2005

PENNINGER, Reinhard: (Nord-)Irland. Mythen und Legenden, religiöser Fanatismus und sozialer Haß bestimmen den blutigen Konflikt auf der „Grünen Insel", Hersg.: Wolf In der Mauer, hpt-Verlagsgesellschaft, Wien 1989

QUOIRIN, Marianne: Der eingemauerte Frieden. In Belfast wird die Trennung von Katholiken und Protestanten zementiert, Kölner Stadt-Anzeiger, Nr. 61, 12.März 2008

RAATZ, Hans: Der Nordirland-Konflikt und die britische Nordirland-Politik seit 1968, Silberburg-Verlag, Stuttgart 1990, 1. Auflage

RAAP, Michael: Nordirland am Scheideweg. Britische Direktherrschaft, anglo-irische Dimension und internationale Verflechtung, tuduv-Studien, Reihe Politikwissenschaften Bd.15, München 1987

SCHULZE-MARMELING, Dietrich: Die gescheiterte Modernisierung. Britische Nordirlandpolitik in den 70er und 80er Jahren, Wurf Verlag, Münster 1986

STADLER, Klaus: Nordirland. Analyse eines Bürgerkrieges, Wilhelm Fink Verlag, München 1979

TIEGER, Manfred P.: Nordirland. Geschichte und Gegenwart, Birkhäuser Verlag, Basel 1985

WANNER-MÜLLER, Franziska: Warum sind wir bösartig? Interview mit Willy Pasini, S.66f., in: Die Zeitung der neuen Zürcher Zeitung: Nordirland, Nr.3/1996, S.66-67

WUHRER, Peter: Sie nennen es Trouble: Nordirland. Reportagen und Geschichten aus einem Krieg, 1. Auflage, rotpunktverlag, Berlin 1989

Internetquellen (in der Reihenfolge ihrer Erwähnungen im Text):

http://www.ark.ac.uk/nilt/2006/Community_Relations/CATHCULT.html, **24.03.2008**

http://www.ark.ac.uk/nilt/2006/Community_Relations/PROTCULT.html, **24.03.2008**

http://www.bk-luebeck.eu/zitate-tacitus.html, 13.02.2008

7. ANHANG

Anhang I:

Kölner Stadt-Anzeiger – Nr. 61 – Mittwoch, 12. März 2008

Der eingemauerte Frieden

In Belfast wird die Trennung von Katholiken und Protestanten zementiert

Der ungesühnte Mord an Robert McCartney ist ein Beispiel für das Verhältnis der einstigen Bürgerkriegsparteien in Nordirland.

VON MARIANNE QUOIRIN

Belfast - Die Angst ist immer noch allgegenwärtig in Short Strand. Sie beherrscht fast jeden Satz, fast jede Geste, wenn man in dieser katholischen Enklave von Belfast nach den McCartney-Schwestern fragt. Man glaubt, die Angst zu riechen, zu fühlen, zu schmecken. Fremde werden misstrauisch beäugt, im Laden verstummt sofort jedes Gespräch, wenn ein Kunde nicht zu identifizieren ist. „Ich hoffe, dass bald auch die letzte der McCartneys hier verschwindet, dann haben wir endlich Ruhe", sagt eine Frau vor einem Imbiss. Sie verschwindet schnell mit ihren Töchtern, als sie sieht, dass sie aus einem Fenster beobachtet wird.

Aus diesem verwahrlosten Stadtteil ohne die kleinste Dividende aus dem Friedensprozess gingen vor drei Jahren die Bilder von fünf jungen Frauen um die Welt. Die vier Schwestern und die Lebensgefährtin von Robert McCartney machten mobil gegen die IRA, die Herrscher des Ghettos und fanden dabei mächtige Fürsprecher wie US-Präsident George W. Bush, Senatorin Hillary Clinton und den Dalai Lama: Robert McCartneys Mörder vor Gericht zu bringen. Der 34 Jahre alte Gabelstapelfahrer und Vater von zwei kleinen Kindern war am 30. Januar 2005 vor einer Kneipe von IRA-Mitgliedern erstochen worden. Die IRA ließ anschließend den Tatort akribisch reinigen und die Filme aus den Überwachungskameras entfernen.

Drei Jahre später will kaum einer etwas von dem Verbrechen wissen. Zwei mutmaßliche Täter kamen auf Kaution frei und geben mit anderen Tatverdächtigen in Short Strand wieder den Ton an. Die Verlobte des Opfers und ihre beiden Kinder wurden aus dem Viertel vertrieben, zwei seiner Schwestern flohen nach Attacken. Eine, von Beruf Rettungssanitäterin, musste kündigen, weil sie nach Todesdrohungen nicht mehr wagt, sich in katholischen Vierteln einsetzen zu lassen, weil dort die IRA Selbstjustiz übt.

Der irische Premier Bertie Ahern lobt die McCartneys als „mutigste" Frauen, aber zu Hause haben sich alle von ihnen abgewandt, selbst frühere Freunde. Bei der Suche nach der Wahrheit stießen sie auf Widerstand, im günstigsten Fall auf „Mauern des Schweigens", so auch der Titel des Buchs von Catherine McCartney. Die Lehrerin beschreibt in dem gerade erschienenen Buch die Folgen eines Mordes, der vor allem deshalb nicht aufgeklärt wird, weil der Friedensprozess in Nordirland nicht gestört werden soll. Denn wenn auch die IRA unter Aufsicht einer Kommission ihre Waffen vernichtet hat, ist sie immer noch nicht bereit, als Veteranenverein in die Geschichte einzugehen.

Claire, Paula, Catherine (v. l.): drei McCartney-Schwestern nach einem Besuch in Washington BILDER: DPA

Mordopfer Robert McCartney

Szenenwechsel. Shankill Road, die berühmteste Straße der Protestanten: Zwei junge Männer, mit Spuren schwerer Misshandlungen im Gesicht, marschieren im Schlepptau einer selbst ernannten Bürgerwehr mit Pitbull-Terriern an der Leine. Sie tragen Plakate vor sich her: Schuldig des mehrfachen Einbruchs. Die beiden Teenager haben sich vor keinem Gericht verantworten müssen, sie sind verfolgt, verurteilt und zusammengeschlagen worden von Männern, die sich als Polizei, Richter und Vollstrecker aufführen. Diese sollen zur Ulster Voluntter Force, einer protestantischen Untergrund-Organisation, gehören. Zwar bekennt sich auch diese Terror-Organisation zum Friedensabkommen, aber die Rolle als Herrscher des protestantischen Arbeiterviertels will sie nicht aufgeben. Die Bestrafungsaktion dauert mehr als eine Stunde, aber niemand wagt, die Polizei zu rufen. Opfer und ihre Familien werden nicht bei der Polizei aussagen: Die Warnung, sie würden aus ihren Häusern vertrieben oder erschossen, hat ihre Wirkung nicht verfehlt.

Zehn Jahre nach dem Karfreitagsabkommen, dessen Jubiläum im April mit politischer Prominenz (Ex-US-Präsident Bill Clinton, Großbritanniens Ex-Premier Tony Blair) gefeiert werden soll, boomt die nordirische Provinz. Auf Fernsehbildern und Fotos der nordirischen Provinzregierung strahlen alle um die Wette: Ian Paisley, der Boss der radikalen Protestanten und Martin McGuinness, früher Stabschef der IRA, heute höchster Repräsentant der Sinn-Fein-Partei. Ihre Versuche, die Gegensätze und Probleme hinwegzulächeln, wenn Investoren in Nordirland aufkreuzen, sind meist von Erfolg gekrönt. Und wenn die Feinde von einst jetzt Eintracht demonstrieren, scheint alles auf dem besten Weg zum Frieden.

Aber jenseits von Stormont, dem pompösen Regierungssitz, und jenseits der Glitzerwelt von Belfast City mit ihren von Michelin-Sternen gekrönten Restaurants und Nachtclubs gibt es das andere Belfast. Die hohen Mauern zwischen den katholischen und protestantischen Arbeitervierteln sind seit dem Friedensabkommen noch verfestigt und erhöht worden. Und die Menschen, die hinter den monströsen Bollwerken aus Beton und Stacheldraht leben, wohnen auf verschiedenen Planeten: Man lebt unter sich, geht nur zum Arzt oder zur Sportstätte im eigenen Viertel, kauft dort ein oder nur in ausgelagerten Einkaufszentren, schickt die Kinder in die Schule der eigenen Konfession, nimmt dafür notfalls doppelt und dreifach so lange Wege in Kauf, zieht nie in ein Haus, wenn es im falschen Viertel liegt. So stehen in einigen Gegenden Häuser monatelang leer, während auf der anderen Seite die Warteliste länger und länger werden.

Alltägliche Gewalt

„Die Teilung führt zur Verdoppelung oder sogar zur Vervielfältigung öffentlicher Aufgaben für beide Bevölkerungsgruppen, die dicht nebeneinander leben, aber nichts miteinander zu tun haben wollen." So heißt es in einem Bericht der britischen Regierung, die jährlich umgerechnet 2,1 Milliarden Euro für die geteilte Gesellschaft aufbringt. Nur ein winziger Posten zur Erhellung des Problems: 165 Schulbusse machen allein in Belfast täglich Extratouren, weil der gemeinsame Schulbesuch immer noch die Ausnahme ist.

Fast täglich meldet die Polizei sektiererische Übergriffe, Brandanschläge, Attacken auf Feuerwehren, Rettungsdienste und Polizei. Eine protestantische Kirche sah sich nach mehr als 40 Zündeleien genötigt, Überwachungskameras zu installieren. Nach Überfällen auf Chinesen, Rumänen und andere Ausländer im vorigen Sommer bekam Belfast einen neuen Beinamen, der aber gern verschwiegen wird: Europas Hauptstadt der Fremdenfeindlichkeit.

Anhang II: Murals in Nordirland

Abbildung 1: Hauswandzeichnung „Mural"in Belfast, Shankill
Quelle: http://www.uwekaiser.com/fotos/2004_murals.htm, 13.03.2008, 12.24h

Abbildung 2: Hauswandzeichnung "Mural" in Belfast, Shankill
Quelle: http://www.uwekaiser.com/fotos/2004_murals.htm, 13.03.2008, 12.30h

Abbildung 3: Hauswandzeichnungen "Murals" in Belfast
Quelle: http://muralsofbelfast.co.uk/, 12.03.2008, 14.42h

ANHANG III: Irland seit der Teilung 1920/21

Quelle : Raatz, Hans : Der Nordirland-Konflikt und die britische Nordirland-Politik seit 1968, Silberburg-Verlag, Stuttgart 1990, 1. Auflage, S.228, entnommen aus: Mawhinney,B./Wells, R.: Conflict and Christiany in Northern Ireland. Berkhamsted 1975, S.

ANHANG IV: Die sechs Grafschaften Nordirlands

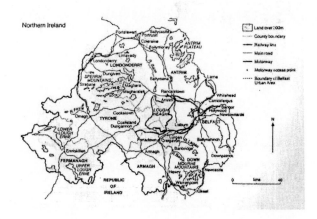

Quelle: Raatz, Hans : Der Nordirland-Konflikt und die britische Nordirland-Politik seit 1968, Silberburg-Verlag, Stuttgart 1990, 1. Auflage, S.229, entnommen aus:
Flackes, W.D.: Northern Ireland. A Political Directory 1968-1983, London 1983, S.6

ANHANG V: Belfast: Gebietseinteilung nach Wahlbezirken 1991

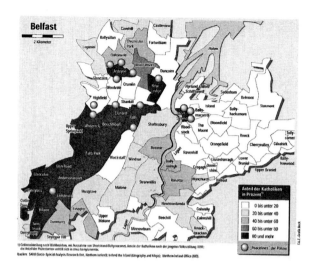

Gebietseinteilung nach Wahlkreisen mit Ausnahme von Shortstrand/Ballymacarret. Anteile der Katholiken nach der Volkszählung von 1991; der Anteil der Protestanten verhält sich in etwa komplementär.

Quelle: BITTNER, Jochen und KNOLL, Christian Ludwig: Ein unperfekter Frieden. Die IRA auf dem Weg vom Mythos zur Mafia, R.G. Fischer Verlag, Frankfurt/Main 2000, S.129 entnommen: SARU (Socio-Special Analysis Research Unit, Northern Ireland): Ireland the Island (Geography and Maps); Northern Ireland Office (NIO)